Wie Du Sofort Aufhörst, zu Viel zu Denken

Einfache Strategien zur Beruhigung des
Geistes, Stoppen Negativer Gedanken
und (Endlich) Stressabbau mit den
Geheimnissen der Positiven Psychologie

Logan Mind

Ein Geschenk für Dich!

Emotional Intelligence for Social Success

Hier ist, was du im **Buch** findest:

• Praktische **Techniken** zur Verbesserung der emotionalen Intelligenz

• Tipps zur Verbesserung deiner sozialen **Fähigkeiten**

• Strategien für erfolgreiches **Networking** und tiefere Verbindungen

Klick einfach auf den untenstehenden Link, um dein kostenloses **Exemplar** zu bekommen:

https://pxl.to/loganmindfreebook

Hol dir auch deine 3 KOSTENLOSEN EXTRAS!

Diese Extras sind eine großartige ergänzende **Ressource**, die dir hilft, die im Buch besprochenen Konzepte in die Praxis umzusetzen.

Die Extras sind:

- Ein herunterladbares und praktisches 21-Tage-Challenge-PDF passend zum Buch

- 101+ **Affirmationen** für friedliche Gedanken

- Eine Checkliste für einen sofort ruhigen Geist

Klick einfach auf den untenstehenden Link, um sofortigen Zugang zu den Extras zu erhalten:

https://pxl.to/8-htson-lm-extras

Hilf mir!

Wenn du einen unabhängigen Autor unterstützt, unterstützt du einen **Traum**.

Wenn du mit diesem Buch zufrieden bist, hinterlasse bitte ehrliches **Feedback**, indem du den untenstehenden Link besuchst. Hast du **Verbesserungsvorschläge**? Sende eine E-Mail an die Kontaktdaten, die du unter dem Link findest.

Alternativ kannst du den QR-Code scannen und den Link nach Auswahl deines Buches finden.

Es dauert nur wenige Sekunden, aber deine **Stimme** hat eine enorme **Auswirkung**.

Besuche diesen Link, um dein Feedback zu hinterlassen:

https://pxl.to/8-htson-lm-review

Werde Teil meines Rezensionsteams!

Vielen Dank, dass du mein **Buch** liest! Deine **Meinung** ist mir sehr wichtig und könnte mir wirklich helfen. Wenn du ein leidenschaftlicher **Leser** bist, würde ich dich gerne in meinem **Rezensionsteam** willkommen heißen. Du erhältst eine kostenlose **Kopie** meines Buches, um mir ehrliches **Feedback** zu geben.

So trittst du dem ARC-Team bei:

• Klicke auf "Join Review Team".

• Melde dich bei BookSprout an.

• Erhalte eine **Benachrichtigung** bei jeder neuen Buchveröffentlichung.

Check out the team at this link:

https://pxl.to/loganmindteam

Einführung

Kennst du das **Gefühl**, wenn sich die Gedanken einfach nicht abschalten lassen? Wenn du dich im Bett hin- und herwälzt, weil dir alles Mögliche durch den Kopf geht? Tja, das ist genau das, worum es in diesem Buch geht - wie du endlich das ständige **Gedankenkreisen** stoppst und mehr Ruhe in dein Leben bringst.

Überdenken ist ein echtes **Problem** für viele von uns. Manchmal ist es wie ein ständiges Summen im Hintergrund, das dich nie zur Ruhe kommen lässt. In diesem Buch zeige ich dir, wie du mit diesem ständigen Grübeln Schluss machen kannst. Wir werfen gemeinsam einen Blick darauf, warum du überhaupt so viel nachdenkst und wie du dich auf das **Positive** konzentrieren kannst. Und ja, dafür nutzen wir unter anderem die Erkenntnisse der Positiven Psychologie.

Ich habe die letzten Jahre damit verbracht, Menschen zu coachen und ihnen zu helfen, ihre negativen **Denkmuster** zu durchbrechen. Mir ist bewusst geworden, dass Überdenken oft von Ängsten und Stress angetrieben wird. Ab und zu machst du dir Gedanken über Dinge, die vielleicht nie passieren werden, oder grübelst über Entscheidungen, die du längst getroffen hast. Doch darauf gibt es Antworten, und genau davon handelt dieser Leitfaden.

Ganz ehrlich, ich bin leidenschaftlich daran interessiert, dir **Methoden** zu zeigen, die wirklich funktionieren. Du gehst durch dieses Buch und merkst, dass du nicht allein bist mit diesem Problem. Ich werde dir Techniken zeigen, die leicht anzuwenden sind, und die dir helfen werden, einen klaren Kopf zu bewahren.

Ein häufiges Argument, das ich von Leuten höre, ist: "Das ist zu einfach, um wirklich zu funktionieren." Aber genau das macht diese Ansätze so mächtig. Manchmal sind die simpelsten Dinge die effektivsten. Es geht nicht darum, komplexe Strategien zu lernen, sondern zu verstehen, was wirklich hilft.

Vielleicht sitzt du da und fragst dich, ob du überhaupt gegen diese allgegenwärtigen **Grübeleien** ankommst. Ich sage dazu: Du kannst. Mit den Werkzeugen aus diesem Buch findest du einfache und umsetzbare Wege, um den Kreislauf des Überdenkens zu durchbrechen.

Du wirst feststellen, dass kleine Änderungen im Denken und Handeln große **Auswirkungen** haben können. Sei gespannt und offen für die Veränderungen, die vor dir liegen. Bist du bereit, mehr Klarheit und Gelassenheit in dein Leben zu bringen? Ich bin sicher, dass du das schaffst.

Lass uns einfach loslegen und sehen, wie dieses Buch dein Leben positiv beeinflussen kann.

Kapitel 1: Grübeln verstehen

Hast du schon mal mitten in der Nacht wach gelegen und den gleichen **Gedanken** immer wieder durchgekaut? Ja, das kenne ich auch! In diesem Kapitel zeige ich dir, wie das **Grübeln** dich und dein Denken verändert. Überleg mal, wie oft du dich gefangen fühlst, wenn deine Gedanken Karussell fahren. Du wirst merken, dass es gar nicht so selten vorkommt, wie du denkst. Wir alle kennen das **Gefühl**, von Gedanken überwältigt zu werden - manchmal ohne Atempause.

Was, wenn du verstehst, warum das passiert? Du wirst überrascht sein, wenn du die psychologischen **Hintergründe** erkennst und warum wir oft in diesen Kreislauf geraten. Auch die **Auslöser**, die uns zum Grübeln bringen, sind vielfältig, und die **Auswirkungen** auf die geistige Gesundheit solltest du nicht unterschätzen.

Dieses Kapitel zeigt dir, wie du deiner inneren **Kritikerin** Paroli bietest. Es geht auch anders - lern mit mir, das Grübeln zu durchbrechen. Bist du **bereit**? Lass uns gemeinsam deinen Gedankenkreislauf knacken und neue Wege entdecken, mit schwierigen Situationen umzugehen. Du wirst sehen, wie befreiend es sein kann, wenn du deine Denkgewohnheiten verstehst und veränderst.

Was ist Overthinking?

Hast du schon mal von **Überdenken** gehört? Es ist wie eine Gratwanderung in deinem Kopf. Immer wieder tauchen dieselben Gedanken auf - unproduktive Gedanken, die dich nachts wachhalten und daran hindern, klare **Entscheidungen** zu treffen. Anstatt Lösungen zu finden, drehst du dich im Kreis. Klar, sich über Dinge Gedanken zu machen, ist normal. Doch irgendwann kippt es, und das nennt man dann Überdenken.

Wie unterscheidest du nun gesunde Reflexion von schädlichem Überdenken? Ganz einfach: Gesunde Reflexion hat einen **Zweck**. Du blickst auf die Vergangenheit zurück, lernst daraus, planst deine Zukunft oder findest Lösungen für aktuelle Probleme. Reflexion hilft dir sogar, dich zu verbessern. Überdenken hingegen bringt nichts. Du wiederholst Sorgen und Bedenken immer wieder, ohne jemals zu einer Lösung zu gelangen. Es ist, als würdest du ständig auf der Stelle treten, ohne einen klaren Weg zu sehen.

Aber warum machst du das überhaupt? Da spielen kognitive **Prozesse** eine große Rolle. Dein Gehirn will Sicherheit - es sucht nach Antworten und will alle Eventualitäten durchdenken. Doch manchmal endet das in einer Dauerschleife. Du fängst an, jedes kleinste Detail zu analysieren. Und das belastet dein mentales **Wohlbefinden**. Deine Gedanken werden zum Hamsterrad, aus dem du nicht entkommen kannst.

Glaub mir, das zehrt an deiner Substanz. Weil du ständig damit beschäftigt bist, jeden kleinen Aspekt zu überdenken, vernachlässigst du das Hier und Jetzt. Du entwickelst **Ängste**, wirst unentschlossen und zunehmend unruhig. Der Fokus schwindet, die Klarheit geht verloren und die Lebensqualität sinkt. Das ist ein Kreislauf, der schwer zu durchbrechen ist. Überdenken hat also ganz reale Auswirkungen auf dein geistiges und - tief durchatmen für noch bessere Entspannung - körperliches Wohlbefinden.

Jetzt, wo du den Unterschied zwischen Reflexion und Überdenken und die Auswirkungen kennst, machen wir weiter. Die Welt des Überdenkens ist zwar ein großes Konstrukt geistiger Prozesse, aber es gibt auch immer Wege, dies zu erkennen und zu verändern. Keine Sorge, darum geht es in den kommenden Kapiteln.

Wir alle sind Menschen mit einem unglaublich komplexen **Gehirn**, das manchmal unsere größte Waffe, doch auch unsere größte Schwäche sein kann. Gerade dann, wenn es um Überdenken geht. Du musst lernen, die Kontrolle über deine Gedanken zu behalten. Das ist machbar. Teils passiert es innerhalb eines Wimpernschlages, teils schleichend - aber Möglichkeiten, gegen Überdenken anzugehen, gibt es immer.

Also bleib dran, in den folgenden Kapiteln erkunden wir verschiedenste Techniken und **Methoden**, um diesem mentalen Kreislauf zu entkommen. Arbeitsplatz schaffen, regelmäßige Pausen einlegen, sich auf das Positive fokussieren - all das trägt dazu bei, deinen Verstand klar und fokussiert zu machen.

Freu dich, die **Lösung** deines Problems ist greifbarer, als du denkst. Und wenn wir weiter in das Kapitel einsteigen, zeige ich dir auch, wie du genau das in den Griff bekommst. Und da sage ich mal Tschüss zu endlosen Sorgen.

Die Psychologie hinter dem Grübeln

Was geschieht in deinem Kopf, wenn dieser Sumpf des **Grübelns** aufkommt? Oft sind es kognitive Verzerrungen wie die Verzerrung der Wahrnehmung oder selektive Aufmerksamkeit, die ins Spiel kommen. Du siehst nur das Schlechte, wie ein Filter, der alles Bunte herausnimmt und nur das Grau lässt. Ziemlich düster, oder? Dein **Gehirn** dreht sich in Schleifen, bleibt an negativen Aspekten hängen und verstärkt so dieses Grübeln immer weiter.

Kognitive Verzerrungen verursachen auch das Katastrophisieren, wenn du von einem schlechten Gedanken zum nächsten springst und jedes noch so kleine Detail massiv überbewertest. Ist dir mal aufgefallen, wie ein kleiner Fehler in einer Präsentation dich glauben lassen könnte, dass deine ganze Karriere den Bach runtergeht? Das ist die Alles-oder-Nichts-**Denkweise**. Kein Wunder, dass du nachts wach liegst und Schlaf suchst, aber keine Ruhe findest.

Wie spielt die **Vergangenheit** eine Rolle beim Grübeln? Vergangene Erfahrungen prägen dich mehr als du denkst. Schon kleine Erlebnisse aus der Kindheit, wo du vielleicht kritisiert wurdest, können dafür sorgen, dass du auch Jahre später noch zögerlich und unsicher wirst. Du hast verinnerlicht, was man dir damals gesagt hat, und das formt dein Verhalten auch heute noch – wie ein Programm, das im Hintergrund ständig läuft. Es ist wie ein ganz schönes Durcheinander im Kopf, bei dem manchmal die Erinnerungen die Gegenwart überlagern.

Erlernte **Verhaltensweisen** sind ebenfalls ein Faktor. Mal ehrlich, hat dir schon mal jemand gezeigt, wie man richtig mit Sorgen umgeht? Oft endest du damit, alte Muster zu kopieren, was dich weiter in den Strudel des Grübelns zieht. Vor allem, wenn du sie in stressigen Zeiten gar nicht bewusst wahrnimmst und einfach darauf zurückgreifst, weil sie vertraut sind. Und somit drehst du dich immer im Kreis.

Aber wie kommen diese Muster überhaupt zustande? Hier kommt die **Neurologie** ins Spiel. Unser Gehirn ist ein komplexes Netz aus Neuronen, die ständig Informationen hin und her schieben. Wenn du oft grübelst, bilden sich immer stärkere synaptische Verbindungen für diese Gedanken. Je öfter du in denselben negativen Kreislauf gerätst, desto einfacher wird es für dein Gehirn, diese Bahnen zu nehmen. Es ist, als würdest du jeden Tag denselben Weg im Schnee gehen – irgendwann wird es immer schneller und leichter, weil der Pfad so intensiv benutzt ist.

Diese neurologischen Mechanismen sind auch der Grund, warum das Grübeln so schwer zu stoppen ist. Dein Gehirn steuert bei **Stress** automatisch auf bekannte Gedankengänge zu, ohne dass du viel dagegen tun kannst. Und so wird das Ganze zu einem Teufelskreis aus negativen Gedanken, Stress und mehr Grübeln.

Es ist wichtig zu verstehen, wie tief verwurzelt diese Muster sein können. Die Natur des menschlichen Gehirns, immer weiter zu denken und zu verarbeiten, wird in einer modernen Welt einfach manchmal zur Last. Automatisierungen und kürzeste Wege dienen dem Schutz, manchmal aber blockieren sie mehr, als sie schützen.

Ehrlich gesagt, das alles klingt jetzt ziemlich komplex, aber in der Realität wird es klarer, je mehr du dieses innere **Programm** verstehst und beginnst zu sehen, wo du kleine Stellschrauben drehen kannst, um dein Denken zu ändern. Ein neuer Blick kann Wunder bewirken, oder?

Häufige Auslöser für Grübeln

Beim **Grübeln** gibt's oft äußere Faktoren, die das Ganze ins Rollen bringen. Vielleicht kennst du das auch: Ein **stressiger** Tag auf der Arbeit, an dem alles nicht so läuft wie geplant. Oder wenn die To-Do-Liste einfach nicht kürzer wird. Solche Situationen lassen dich nächtelang auf dem einen Fehler oder dem unerledigten Projekt herumkauen. Auch **Konflikte** mit anderen Menschen, wie Zoff mit Freunden oder Kollegen, wirken da oft wie Brandbeschleuniger. Meistens sind es solche äußeren Einflüsse, die dich überhaupt erst zum Grübeln verleiten.

Und was fördert noch diese Grübel-Schleifen? Eigene **Unsicherheiten** und Selbstzweifel spielen hier oft eine große Rolle. Es ist verrückt, wie du nach manchmal nur einem einzigen misslungenen Erlebnis sofort an deinen eigenen Fähigkeiten oder Entscheidungen zweifelst. Kennst du das? Ein Projekt läuft nicht wie geplant, und schon denkst du, dass du es generell nicht drauf hast. Diese Unsicherheiten fressen sich dann in deinen Kopf und sind schwer wieder loszuwerden. Und die innere Stimme, die ständig zweifelt und kritisiert, wird immer lauter. Du verlierst das Vertrauen in eigene Entscheidungen und das verstärkt wiederum das Grübeln; die Grübelfalle schnappt so richtig zu.

Es ist quasi wie ein **Teufelskreis**: Unsicherheit führt zu mehr Grübeln, und je mehr du grübelst, desto unsicherer wirst du. Das Ganze tritt dann auch noch in Kombination mit einem generellen Gefühl der Unsicherheit in verschiedenen Aspekten des Lebens auf. Ein Beispiel: Du hast das Gefühl, dass du keine Kontrolle über bestimmte Aspekte deines Lebens hast, sei es die Arbeit, die Gesundheit oder die Beziehungen. Auch das Gefühl von **Kontrollverlust** kann erhebliche Grübeltendenzen bei dir anstoßen. Du fragst dich immer wieder: Was, wenn das oder jenes passiert? Wie soll ich das kontrollieren?

Menschen mögen es halt, die Kontrolle zu haben und zu wissen, was als Nächstes kommt. Sobald diese Kontrolle über irgendetwas verloren geht, neigst du dazu, dich in eine Spirale der Sorgen und des Grübelns zu stürzen. Ich meine, wenn du nicht weißt, wie sich bestimmte Situationen entwickeln werden - dieses **Nicht-Wissen** können wir nur schwer aushalten. Es ist nicht einfach, sich damit abzufinden, dass manche Dinge einfach nicht in unserer Hand liegen. Dann kommt das Grübeln. Szenarien werden durchgespielt, was-wäre-wenn-Gedanken zerreißen dir den Kopf.

Diese Unsicherheit tut auch richtig weh, ja eigentlich noch mehr, wenn sie lange anhält. Es fühlt sich an, als ob du ständig auf der Hut sein musst, weil du nicht weißt, was als Nächstes auf dich zukommt. Und das zermürbt mit der Zeit. Du suchst nach Wegen, doch wieder eine Art **Kontrolle** zurückzuerlangen und das steigert dann die Grübeltendenz - noch ein bisschen. So richtig loslassen und entspannen? Kaum möglich in solchen Phasen. Du bist gefangen in deinen Gedanken, während die Unsicherheit immer größer wird.

Am Ende bleiben die externen Auslöser, persönlichen Unsicherheiten und das Gefühl des Kontrollverlusts wichtige

Elemente, um das Grübeln zu verstehen und mögliche **Lösungsstrategien** zu entwickeln.

Die Auswirkungen von Überdenken auf die psychische Gesundheit

Überdenken und **Angststörungen** gehen oft Hand in Hand. Du kennst das bestimmt: Diese eine Situation, über die du immer und immer wieder grübelst, obwohl es gar nichts bringt? Das ist Überdenken. Und es kann ernsthaft an deiner **mentalen Gesundheit** nagen. Manchmal fängst du an, dir Sorgen über Dinge zu machen, die gar nicht passieren werden. Das verstärkt dann die Angst nur noch mehr. Die beiden verstärken sich gegenseitig, wie ein Teufelskreis.

Überdenken lässt dich nicht zur Ruhe kommen. Du fühlst dich ständig getrieben, wie in einem **Hamsterrad**. Das Gedankenkarussell dreht sich immer weiter, oft ohne Pause. Diese ständige innere Unruhe ist wie geschaffen dafür, Angst zu erzeugen. Und es führt dazu, dass du dich ausgelaugt und erschöpft fühlst. Angststörungen werden dadurch nur noch schlimmer. Schneller Herzschlag, schwitzige Hände, Zittern – diese **Stresssymptome** sind häufig die Folge von zu viel Grübeln.

Das Überdenken hat also gravierende Folgen. Und doch fällt es vielen schwer, damit aufzuhören. Es entsteht fast wie eine automatische Reaktion auf stressige oder unsichere Situationen. Doch dieser Automatismus kann dir das Leben echt schwer machen.

Aber es kommt natürlich noch dicker...

Denn Überdenken verwüstet dein **Schlafmuster** und wirkt sich auch auf deine allgemeine kognitive Funktion aus. Manchmal liegst du stundenlang wach, weil du über verschiedene Szenarien nachdenkst, die höchstwahrscheinlich nie eintreten werden. Das Gedankenkarussell stoppt nicht, selbst wenn dein Kopf das Kissen berührt. Schlaf ist aber super wichtig für dich und deine geistige Klarheit. Ohne ausreichend Schlaf fühlst du dich schnell total groggy und unkonzentriert — kennst du das? Wenn du nicht genügend schläfst, ist dein Gedächtnis betroffen, deine Entscheidungsfähigkeit ist wie weggeblasen, und alles scheint nur noch in Zeitlupe abzulaufen.

Das macht sehr müde, was wiederum den nächsten Tag beeinflusst. Und die Müdigkeit gibt deinem Gehirn noch mehr Anlass zum Überdenken. Heute keine Entscheidung getroffen? Macht nichts! Über die gleiche Frage grübelst du einfach nochmal die ganze nächste Nacht nach. Und dabei wolltest du doch eigentlich nur schlafen...

Lass uns also mal nach vorne schauen. Überdenken hat langanhaltende Folgen, besonders auf dein **emotionales Wohlbefinden**. Wenn du ständig alles hinterfragst, fällt es schwer, einfach mal glücklich zu sein. Ständige Selbstzweifel und das Gefühl, alles immer wieder analysieren zu müssen, können regelrecht lähmen. Du lebst in einer ständigen Schleife der Unsicherheit. Dein Selbstwertgefühl nimmt ab, und das Gefühl der Zufriedenheit bleibt auf der Strecke.

Außerdem führt chronisches Überdenken zu einem erhöhten **Stresslevel**. Dauerstress fühlt sich an, als trügest du ständig einen schweren Rucksack auf den Schultern. Dein Körper produziert mehr Stresshormone, die dann locker zu Gesundheitsproblemen wie Bluthochdruck und Herzprobleme führen können.

Natürlich gibt es auch Tage, an denen sich alles gut anfühlt. Doch jedes Mal, wenn sich die dunklen Wolken des Überdenkens zurückziehen, kommt es wie ein ungebetener Gast zurück. Die langfristigen Folgen machen sich also bemerkbar und können dein Leben ziemlich erschweren.

Überdenken beeinflusst dein ganzes Sein - es fängt bei der Angst an, schleicht sich in deinen Schlaf ein und nistet sich tief in deinem emotionalen Wohlbefinden ein. Da wunderst du dich über nichts mehr...

Zum Schluss

In diesem Kapitel hast du viele wichtige Informationen und **Konzepte** kennengelernt. Hier ist eine kurze Zusammenfassung der Hauptpunkte, die du dir merken solltest:

Du hast gelernt, warum Kinder **nervös** werden können und was die häufigsten Gründe dafür sind. Außerdem hast du erfahren, dass es verschiedene Arten von **Ängsten** gibt und jede anders wirkt. Du weißt jetzt, was du tun kannst, um deinen eigenen Ängsten **mutig** entgegenzutreten. Auch hast du gelernt, wie **Freunde** und Familie dir helfen können, mit Sorgen besser umzugehen. Zudem kennst du nun nützliche **Tipps**, wie du in stressigen Situationen Ruhe bewahren kannst.

Ich hoffe, dass das, was du gelernt hast, dir in Zukunft hilft, einen klaren **Kopf** zu bewahren und mutig mit deinen Ängsten umzugehen. Probier die Tipps und **Ratschläge** aus, die du in diesem Kapitel erhalten hast, und achte darauf, wie sich dein Denken und Fühlen verbessert. Du hast jetzt das Wissen und die Werkzeuge, um Angst in positive Energie und Stärke zu verwandeln!

Kapitel 2: Der Grübelkreislauf

Hast du jemals das Gefühl gehabt, dass dein **Verstand** sich in endlosen Spiralen dreht? Genau das habe ich jahrelang erlebt. Dieses Kapitel könnte dein Aha-Moment sein. Du wirst überrascht sein, wenn du erkennst, wie sehr alles miteinander verknüpft ist und wie einfach es sein kann, aus diesem **Kreislauf** auszubrechen. Manchmal scheinen **Gedanken** wie ein unaufhaltsamer Strom zu sein, der dich nur in Angst und Stress stürzt.

Es kann wirklich befreiend sein, eigene **Muster** zu erkennen, die dich oft tief reinreißen – selbst wenn sie dir zunächst gar nicht auffallen. Glaub mir, wenn ich sage, dass einfache Schritte helfen können, die **Kontrolle** zurückzugewinnen. Mach dich also bereit, deinen **Geist** zu erforschen und die Wurzeln dieser Angewohnheiten zu finden. Zusammen verwandeln wir deine **Gedanken** in etwas... du weißt schon, Entspannteres und Klareres. Bist du **bereit**? Dann lass uns loslegen!

Identifizierung deiner Grübelmuster

Warum ist es überhaupt so **wichtig**, sich seiner selbst bewusst zu sein? Na ja, wenn du nicht mal bemerkst, dass du ständig **grübelst**, wie willst du dann jemals damit aufhören? Selbstbewusstsein ist der Schlüssel, um die eigenen Denkmuster überhaupt zu erkennen und zu verstehen. Es bringt dir nichts, Methoden zu kennen, um Grübeln zu stoppen, wenn du nicht erkennst, wann genau du in diesem Zyklus gefangen bist. Stell es dir so vor: Wie soll ein Autofahrer eine kaputte Ampel meiden, wenn er nicht sieht, dass die Ampel kaputt ist? Genauso ist es mit dem Grübeln. Der erste Schritt ist immer, dich selbst zu beobachten und deine eigenen **Gedanken** genau unter die Lupe zu nehmen.

Du findest dich oft in klassischen Denkmustern wieder, die mit Grübeln verbunden sind. Ein sehr gängiges Muster ist das **Katastrophisieren**. Das bedeutet, du nimmst immer das Schlimmste an. Eine kleine Beule im Auto wird dann schnell zu einem riesigen, finanziellen Desaster in deinem Kopf. Und das endlose Kreisen der Gedanken um das "Was-wäre-wenn" macht es natürlich nicht besser. Du bleibst in diesem negativen Denken hängen und gerätst in einen Strudel.

Dann gibt's noch das Alles-oder-nichts-Denken. Hier wird die Welt in Schwarz und Weiß betrachtet. Es gibt kein Grau, keine Zwischenstufen. Wenn etwas nicht perfekt ist, ist es automatisch schlecht. Diese Art des Denkens lässt wenig Raum für Fehler oder stufenweise **Fortschritte**. Es ist entweder alles richtig oder alles falsch – was dann natürlich zu noch mehr Grübeln führt.

Genauso schädlich ist die Überverantwortlichkeit. Du fühlst dich verantwortlich für alles und jeden. Jeder kleine Fehler wird höher aufgebauscht und du fragst dich ununterbrochen, wie du das besser hättest machen können oder was du hättest anders tun sollen. Letztlich führt dies zu Überbelastung und **Stress**, weil die Last der Verantwortung ständig auf dir zu lasten scheint.

Aber nicht nur die erkannten Denkmuster spielen eine Rolle. Dein **emotionaler** Zustand hat genauso viel Einfluss darauf, in welchem Ausmaß du grübelst.

Egal, ob Stress, Traurigkeit oder Wut – emotionale Auslöser sind oft der Anlass für lange Grübelzyklen. Vielleicht hattest du einen schlechten Tag und fängst abends im Bett an, jede Entscheidung des

Tages zu überdenken. Deine eigene Unsicherheit kommt hoch und bringt dich dazu, alles in Frage zu stellen. Oft ist es dieses emotional aufgewühlte Sein, das alte Denkmuster aktiviert. Du wirst anfällig für endloses Kreisen der Gedanken.

Da gibt es diesen einen Moment, da wirst du von einem ganz bestimmten **Gefühl** überwältigt, und schon bist du drin im Sturmdepot deiner Gedanken. Es ist leicht zu glauben, dass diese Gedanken realistisch sind, nur weil sie stark von Emotionen begleitet werden. Das Gefühl täuscht und lenkt dich ab – schwupps, bist du mitten im Grübeln.

Nun erkennst du, dass sowohl Denkmuster als auch emotionale Auslöser Hand in Hand werken. Das eine potenziert das andere. Ein klareres Bild liefert mehr **Verständnis** über diese Wechselwirkung. Es ist das Verbundzelt, das deine Rationalität und dein Gefühl miteinander spannt – führend ins Grübeln, bis das Bild absolut stabil und gangbar für deinen Alltag wird.

Den Prozess des Überanalysierens aufschlüsseln

Du kennst das doch sicher, oder? Diese ewige **Gedankenspirale**, die nie endet. Es beginnt oft harmlos mit einem kleinen **Auslöser**. Vielleicht erinnert dich ein Kommentar von einem Kollegen oder eine Nachricht an etwas, über das du dir Gedanken machst. Und zack, schon ist dein Gehirn dabei, jeden möglichen Winkel und jede mögliche Ausgabe dieses einen Punktes zu durchdenken.

Zuerst kommt das **Grübeln**. Ein Gedanke löst den anderen aus. Du denkst dir Szenarien aus und spielst immer wieder dieselben Gedanken durch. Oft eskaliert das Ganze schnell. Was am Anfang nur ein kleiner Zweifel war, wird zu einer riesigen Belastung.

Jetzt sprechen wir über kognitive **Verzerrungen**. Diese spielen eine riesige Rolle beim Überdenken. Du hast das Gefühl, dass jede kleine Unsicherheit zur Katastrophe wird. "Denke ich das nur, weil ich übertreibe?" Könnte sein. Aber oft sind es Verzerrungen wie "Schwarz-Weiß-Denken" oder "Katastrophisieren", die dich in diese Falle tappen lassen.

Aber das hört hier nicht auf. Deine Gedanken werden von diesen Verzerrungen beeinflusst, sie werden irrational und jeder Versuch, klar zu denken, ist wie Öl ins Feuer zu gießen. Du siehst Dinge oft extremer, dramatischer als sie wirklich sind. Und weil dein Kopf ständig im Kreis läuft, kommst du nicht raus aus diesem **Teufelskreis**.

Dann haben wir das negative **Selbstgespräch**. Ich kenne das nur zu gut. Du fängst an, dich selbst zu kritisieren: „Warum mache ich immer wieder denselben Fehler?" Falls dir das bekannt vorkommt, bist du nicht allein. Negative Selbstgespräche verstärken diese Gedankenkarussells. Wenn etwas schiefgeht, bleibt die innere Stimme nie still und gibt nie Ruhe.

Dieses Selbstgespräch verstärkt die **Angst** und den **Stress**. Du findest Gründe, warum du versagen wirst, und diese Gründe wiederholen sich immer wieder. "Ich werde es nie schaffen," aber statt Lösungen zu finden, bleibst du in dieser Schleife hängen und schwächst dein Selbstbewusstsein noch mehr.

Und weißt du was? All dies - die anfängliche Auslösung bis zur Eskalation, gefolgt von kognitiven Verzerrungen und negativen Selbstgesprächen - sie alle bilden zusammen den Prozess des Überdenkens. Es ist eine niemals endende Schleife, die dich gefangen hält, aber indem du jede Phase verstehst, kannst du dir die Möglichkeit schaffen, auszubrechen und endlich mehr innere Ruhe zu finden.

Die Rolle von Angst beim Grübeln

Kennst du diese **Momente**, in denen das Grübeln einfach kein Ende nimmt und **Angst** mitschwingt? Da entsteht ein innerer Teufelskreis. Angst und Grübeln – sie befeuern sich gegenseitig, wie zwei Tänzer, die sich im Rhythmus ihrer Sorgen verlieren. Es beginnt oft unbemerkt, ein Gedanke hier, ein Gefühl dort. Und plötzlich bist du mittendrin.

Grübeln führt zu mehr Angst und mehr Angst führt zu noch mehr Grübeln. Während du ständig über ein Thema nachdenkst, wird die Angst größer. Ein gefürchtetes **Szenario** spielt mit deinen Gedanken, als ob es real wäre. Und dabei verstärkt Angst die Grübeltendenzen enorm. Du beginnst, alle möglichen "Was-wäre-wenn"-Situationen zu analysieren. Das sorgt für eine Flut von negativen **Gedanken**. Fix dreht sich die Spirale weiter, tiefer hinein in die Unsicherheit.

Du grübelst über die Angst, die Angst sprudelt weiter hoch - ein feinstoffliches Netz der Beunruhigung, das sich immer enger um dich legt. Plötzlich erscheint jedes noch so kleine Problem riesig. Und wenn du erst einmal die Angst gespürt hast, verlierst du die Klarheit in deinen Gedanken. Das Nachdenken, das vorher noch logisch schien, wird von der Angst verschleiert.

Dies kommt auch mit unangenehmen **Körperreaktionen**. Wenn dir das Herz schneller schlägt oder du Kribbeln in Händen und Füßen spürst, weißt du: Die Angst hat dein Denken übernommen. Atemlosigkeit kann dich erfassen. Dein Körper signalisiert dir **Stress** - du fühlst dich angespannt, auch wenn kein wirklicher Gefahrenherd zu erspähen ist. Sehr unangenehm.

Zwischen Kaltschweiß und Nervosität dominiert oft das Gefühl von Enge in der Brust. Ohne, dass du wirklich was Entscheidendes tun kannst. Viele sagen, es fühle sich so an, als ob das Herz aus der Brust springen würde. Eine solche körperliche Angriffswelle verstärkt wiederum das Grübeln - eine Verstärkung im ständigen innerlichen **Fragegewitter**. Es kommt und geht nicht einfach vorbei.

Dieser emotionale und körperliche Kreisel zeichnet sich durch kurzzeitige **Sehstörungen** aus. Der alarmierte Körper konzentriert sich eben unbewusst nur nach innen. Jedes feine Zittern steigert das bewusste oder unbewusste Gefühl der Bedrohung. Die emotionale Gemengelage mischt sich und verstärkt das Grübeln weiter.

Bleib ruhig! Statt die Sorgen weiter zu weben, gib deinen Gedanken Raum. Vielleicht hilft es dir, tief durchzuatmen und dich daran zu erinnern, dass diese Gefühle vorübergehen werden. Du bist stärker als deine **Ängste**.

Wie Stress Grübeln fördert

Wohin mit all dem **Stress**? Dieses ständige Arbeiten und keine Zeit für Entspannung. Klingt vertraut, oder? Chronischer Stress kann deine kognitive Funktion beeinflussen, und das nicht auf positive Weise. Deine **Denkmuster** verändern sich, die Entscheidungsfindung wird schwieriger. Und das **Grübeln** nimmt kein Ende. Zuerst wird dein Denken neblig. Es ist, als ob sich ein Schleier über deine Gedanken legt. Entscheidungen treffen? Pustekuchen! Du analysierst alles bis zum kleinsten Detail, traust dich am Ende aber nicht, einen Schluss zu ziehen.

Aber warum? Stress beeinflusst dein **Gehirn** negativ. **Stresshormone** wie Cortisol fluten dein System. Als Notfallreaktion gedacht, aber wenn sie ständig hoch sind, bewirken sie eher das Gegenteil. Sie lassen dich auf jedem kleinen Detail herumkauen, statt einfach eine Entscheidung zu fällen und weiterzugehen. Deine Gehirnaktivität verschiebt sich auf Notstand. Ein ständiges Gefühl, gefangen zu sein...und nicht zu wissen, wie du rauskommst. Genau, Overthinking, mein Freund!

Und was passiert weiter? Diese Stresshormone spielen deine Gehirnchemie durcheinander. Sie ändern regelrecht die Art, wie du denkst und fühlst. Deine Gedankenmuster ändern sich. Vom rationalen Denken gleitest du oft zu ängstlichem Grübeln. Tatsächlich ist das oft ein natürlicher Versuch deines Gehirns, **Kontrolle** zurückzugewinnen. Ironisch, oder? Aber anstatt Probleme zu lösen, schüren diese Hormone mehr Unsicherheit.

Und dieses ständige Grübeln verstärkt nur den Stress. Stell dir das wie eine endlose Feedback-Schleife vor. Mehr Stress bedeutet mehr Grübeln. Mehr Grübeln...richtig geraten, mehr Stress. Und rundherum geht's. Die Verbindung zwischen Stress und übermäßigem Nachdenken wird klarer. Stress lässt dich repetitiv denken, Dauerschleife.

Aber wie kommst du daraus? Nun, dem Stress den Kampf ansagen! **Ruhe** finden, Stress bewältigen...und dein Kopf wird klarer. Klarer Kopf, besseres Denken. Du merkst gleich, dass das alles miteinander verbunden ist. Keine **Erleuchtung** über Nacht, klar. Aber mit den richtigen Schritten wird's besser.

Zum Schluss

In diesem Kapitel hast du dich intensiv mit den **Verhaltensmustern** des Grübelns auseinandergesetzt. Dabei hast du gelernt, wie Überdenken deine **Gedanken** und **Emotionen** beeinflussen kann und welche Schritte notwendig sind, um diesen Kreislauf zu durchbrechen. Dies kann dir im **Alltag** helfen, bewusster mit deinen Gedanken umzugehen.

Du hast in diesem Kapitel erfahren, wie wichtig es ist, sich der eigenen Grübel-Gewohnheiten bewusst zu werden. Außerdem hast du typische **Gedankenmuster** kennengelernt, die oft zum Grübeln führen. Du hast auch gelernt, was emotionale **Auslöser** sind und wie sie das Grübeln in Gang setzen können. Die verschiedenen Phasen des Grübelprozesses und wie du sie erkennen kannst, wurden ebenfalls behandelt. Nicht zuletzt hast du verstanden, wie **Angst** und **Stress** dabei eine große Rolle spielen und das Überdenken verstärken können.

Nutze die Infos aus diesem Kapitel und arbeite aktiv daran, ungünstige Muster des Überdenkens in deinem Leben zu erkennen und zu verändern. So wirst du nach und nach eine bewusste und positive Art des Denkens entwickeln. Ich wünsche dir viel Erfolg dabei!

Kapitel 3: Grundlagen der Positiven Psychologie

Stell dir mal vor... Was wäre, wenn du durch ein paar einfache Änderungen in deiner **Denkweise** das finden könntest, worauf es wirklich im **Leben** ankommt? Also, dir könnte genau das bevorstehen. In diesem Kapitel zeige ich dir nicht irgendwas Abstraktes, sondern etwas, das wirklich zündet. Du denkst vielleicht, **Psychologie** ist nichts für dich, aber glaub mir, das könnte dich ganz anders fesseln.

Positives **Denken**? Ja, aber mehr als nur das. Diese Seiten bringen neues Licht rein, rütteln an alten Gedanken und bringen Frisches. Wir schalten mal um – von „bloß überleben" zu „besser **leben**". Mein Ziel? Dich **inspirieren** und dein Wissen erweitern, ohne trocken oder akademisch zu klingen. Mach dich bereit, etwas Unsichtbares plötzlich sehr greifbar zu spüren.

Los geht's mit diesen **Konzepten**, die alles drehen könnten. Klar, jetzt willst du mehr hören, oder? Bleib dran, es wird **gut**.

Einführung in die Positive Psychologie

Hast du schon mal von der **positiven Psychologie** gehört? Was ist das eigentlich und was will sie? Kurz gesagt, geht es darum, die positiven Einflüsse im Leben zu sehen und zu stärken, statt nur Probleme anzugehen, wie es oft in der traditionellen Psychologie gemacht wird. Stell dir das so vor: Du nimmst all die guten Dinge und lernst, wie du mehr davon in dein Leben bringst. Es dreht sich darum, wie du **zufriedener** und **glücklicher** leben kannst.

Zu den wichtigsten Prinzipien gehört, dass du täglich etwas machst, das dir Freude bringt. Klingt gut, oder? Zum Beispiel eine kleine Dankbarkeitsübung oder einfach jeden Tag bewusst ein bisschen Zeit für dich nehmen. Aber es ist nicht nur Eigenbröteln. Auch wie du mit anderen umgehst, spielt eine riesige Rolle. **Freundschaften** hegen und pflegen – solche Sachen eben. Positive Psychologie schaut quasi auf das ganze Bild, mit dir im Zentrum eines Netzwerks aus positiven Einflussfaktoren.

Anders als bei vielen traditionellen Methoden, wo man oft den Fokus auf Probleme und deren Lösungen legt – also erst mal tief in die unangenehmen Themen eintauchen muss – geht es hier um die **Stärken** und Ressourcen, die du schon mitbringst. Traditionellere Psychologie kann sich wie ein Hamsterrad der ständigen Probleme anfühlen. Stressig! Die positive Psychologie sagt: "Hey, lass uns deine Stärken angucken und herausfinden, was du alles rocken kannst!" Viel motivierender und erfrischender, findest du nicht?

Also weg von dem herkömmlichen Muster Problem, Problem, nochmal Problem. Du schaust viel eher, was bereits gut läuft und baust darauf auf. Klar, Fehler werden nicht ignoriert, sondern einfach anders angesehen. Rückschläge sind dann keine Dramen mehr, sondern Lerneinheiten, die dich weiterbringen können. So schaffst du in deinem Alltag eher eine Haltung von **Zufriedenheit** und erfüllst langfristig mehr von deinen eigenen Lebenswünschen. Da spürst du wirklich, wie sich alles zum Positiven wendet.

Ein Vorteil dieser Ausrichtung ist auch, dass wenn du deine Stärken einsetzt und mehr positive Erfahrungen machst, steigt auch dein allgemeines **Wohlbefinden**. Wow, viel besser als ständig nur an dir rumzukritteln! Und das zieht dann auch Kreise. Starke, gute Beziehungen zu pflegen – du wirst schnell merken, das ist total lohnend.

Ganze Lebensbereiche profitieren davon. Arbeit, soziale Kontakte, Privatleben – alles lässt sich viel bewusster und fröhlicher gestalten. Es ist wie eine Münze, die positiver und positiver wird, wenn du die eine Seite pflegst. So kannst du mit einem einfachen Ansatz schon viele Bereiche super beeinflussen und eine Gesamtzufriedenheit im Leben spüren.

Zusammengefasst lehrt dich die positive Psychologie, wie gutes Gefühlsleben und positive Geisteshaltung dein tägliches Leben bereichern können. Abwandlungen wie die Fähigkeiten, deine Umgebung und Mitmenschen positiver wahrzunehmen und zu bewerten, steigern dein **menschliches Wohlbefinden**. Wirklich inspiriert wühlst du dich optimistischer durch deinen Alltag und gehst ihn motivierter an.

Aber fang klein an, mit einem **Dankbarkeitstagebuch** und freundlichen Gesten, die du verschenkst. Irgendwie total cool und easy umzusetzen, oder?

Schlüsselprinzipien der Positiven Psychologie

In der positiven Psychologie nimmt das Konzept des **Aufblühens** einen wichtigen Platz ein. Es beschreibt einen Zustand des **Wohlbefindens**, in dem du nicht nur ab und zu glücklich bist, sondern ein volles, bedeutsames und erfülltes Leben führst. Stell dir vor, du bist eine Pflanze in einem gut gepflegten Garten – du wächst nicht nur, sondern blühst richtig auf. Aufblühen heißt also, dass du wirklich im Leben aufgehst und es voll genießt.

Das kann ganz unterschiedlich aussehen. Vielleicht hast du erfüllende Beziehungen, einen Job, den du liebst, Hobbys, die dich begeistern und eine innere Zufriedenheit, die dich durch den Tag trägt. Das alles zusammen ergibt das Bild des Aufblühens. Wichtig ist hierbei nicht nur, dass du persönliche Ziele und Träume verfolgst, sondern diese tief in deinem Inneren verwirklichst und dich dadurch glücklich und zufrieden fühlst.

Um dahin zu kommen, musst du erst mal deine **Charakterstärken** und **Tugenden** kennen und schätzen lernen. Jeder von uns hat diese kleinen Superkräfte – wie Mut, Weisheit, Freundlichkeit oder Humor –, die unser Leben bereichern können. Charakterstärken sind wie ein persönliches Toolkit für dein Wohlbefinden. Stell dir vor, du hast immer genau das Tool zur Hand, was du gerade brauchst – sei es Optimismus an einem grauen Tag oder innere Stärke in schweren Zeiten.

Diese Charakterstärken helfen dir nicht nur durch schwere Zeiten, sondern machen auch die schönen Momente intensiver. Wenn du zum Beispiel eine positive Einstellung pflegst oder Optimismus ausstrahlst, wird es leichter, mit Herausforderungen umzugehen, und du wirst glückliche Momente stärker genießen können. Du baust damit eine Art inneres Schutzschild auf, das dich selbst in stürmischen Zeiten schützt.

Von den Charakterstärken und Tugenden kommt man schnell zu den **positiven Emotionen**, die eine zentrale Rolle für unser emotionales Wohlbefinden spielen. Positive Emotionen wie Freude, Dankbarkeit oder Liebe sind nicht nur schöne Gefühle, sie bringen auch handfeste Vorteile mit sich – sie unterstützen dich dabei, widerstandsfähiger gegen Stress und psychische Beschwerden zu werden.

Quasi wie ein emotionales Immunsystem. Man sagt ja, Lachen sei die beste Medizin. Und dieser Spruch ist gar nicht so weit hergeholt. Positive Emotionen fördern nämlich **Resilienz** – deine Fähigkeit, nach Schwierigkeiten wieder aufzustehen und weiterzumachen. Mit einer optimistischen Einstellung kannst du Herausforderungen besser bewältigen und Erfahrungen im wahrsten Sinne des Wortes transformieren.

Also, wie passt das alles zusammen? Ganz einfach gesagt: Wenn du deine Charakterstärken und Tugenden nutzt, stärkst du nicht nur dein Wohlbefinden, sondern nimmst auch mehr positive Emotionen wahr, wodurch du wiederum resilienter und insgesamt glücklicher wirst. Es ist ein Kreislauf des Guten, bei dem die einzelnen Elemente Hand in Hand zu einem ganzheitlichen Wohlsein führen. Positive Psychologie lehrt uns, wie wir aktiv die schönen Seiten im Leben erkennen und pflegen können.

Die Wissenschaft des Glücks und Wohlbefindens

Also, stell dir vor, du könntest tatsächlich **verstehen**, was in deinem Gehirn passiert, wenn du **glücklich** bist. Die neurologische Grundlage des Glücks ist ein spannendes Thema und hat viel damit zu tun, was für ein chemisches Feuerwerk in deinem Kopf abgeht. **Dopamin** und Serotonin, das sind die Rockstars hier. Diese Neurotransmitter sind die kleinen Botschafter, die deinem Gehirn sagen, es soll gut gehen. Und wenn sie freigesetzt werden, dann fühlst du dich unbesiegbar. Interessanterweise gibt's da auch den präfrontalen Kortex, eine Art DJ, der die Musikanlage deiner Gefühle steuert. Ziemlich cool, oder?

Neben diesen Neurotransmittern sind auch endogene Opioide und **Endorphine** beteiligt. Die wirken wie natürliche Schmerzmittel und geben dir das angenehme Gefühl, das du nach einer Erfolgserfahrung oder einem Workout bekommst. Spornen dich sogar dazu an, das gleiche Verhalten öfter zu wiederholen, weil dein Gehirn diese "Belohnungen" einfach liebt. Ein natürlicher Kreis des Wohlbefindens eben.

Aber Glück beschränkt sich nicht nur auf Chemie. Dein soziales Umfeld ist genauso wichtig. Positive **Beziehungen** stärken das Gefühl von Zugehörigkeit und Sicherheit. Menschtierchen sind halt soziale Wesen. So, das war jetzt ziemlich technisch. Aber wie beeinflusst das alles dein allgemeines **Wohlbefinden**? Nun, das Gefühl der Erfüllung, das du durch diese positiven neurochemischen Veränderungen und sozialen Beziehungen erlebst, kommt in jeder Lebenslage zur Geltung.

Der Übergang von der neurologischen Grundlage des Glücks zu den Faktoren der Lebenszufriedenheit ist ziemlich direkt. Stell dir diese glücklichen Hirnchemikalien als einen Starter vor. Lange Zufriedenheit braucht aber mehr Fleisch. Also, was sind die Faktoren, die zu dauerhafter Zufriedenheit und Erfüllung beitragen?

Gesundheit kommt ziemlich direkt ins Spiel. Ohne Zweifel, körperliche und geistige Gesundheit sind grundlegende Bausteine. Wer achtet nicht darauf, dass er genug Schlaf bekommt, sich ausgewogen ernährt und regelmäßig bewegt? Diese Angewohnheiten errichten eine solide Basis für langanhaltendes Wohlbefinden.

Natürlich sind auch **Ziele** von zentraler Bedeutung. Leute, die klare Ziele haben und daran arbeiten, empfinden oft ein stärkeres Gefühl von Zweck und Bedeutung. Es ist halt ein richtig gutes Bewerbungsschreiben für dein Wohlbefinden. Der Klassiker: Du schleppst dich durch den Tag, wenn du keine Vorstellung davon hast, wofür du all das überhaupt machst. Und vergiss nicht, die kleinen Erfolge regelmäßig zu feiern. Ein gesundes Maß an Zufriedenheit setzt voraus, dass du dich auch an den Kleinigkeiten im Leben erfreuen kannst.

Jetzt zu einem Phänomen, das uns alle irgendwie nachdenklich macht: hedonische Anpassung. Ein ziemlich kluger Begriff für eine ziemlich alltägliche Erfahrung. Du gewinnst im Lotto und fühlst dich eine Zeit lang, als könntest du alles meistern. Das neue Auto. Das schicke Gerät. Sie alle machen dich nur für kurze Zeit glücklicher. Und dann - zack - bist du wieder bei deinem Ausgangspunkt, was das Glücksempfinden angeht. Du gewöhnst dich an den besseren Standard und sehnst dich nach mehr.

Die hedonische Anpassung beeinflusst das Streben nach Glück stark. Wir jagen ständig nach dem nächsten Ding, in der Hoffnung, dass es uns dauerhafte Zufriedenheit bringt. Aber häufig enttäuschen wir uns selbst und enden in einem immerwährenden Kreislauf des Wünschens und Bekommens. Einer sagte mal, dass nicht der Besitz dich glücklich macht, sondern die Fähigkeit, das zu schätzen, was du hast.

Fazit: Ein tieferes Verständnis der neurologischen Grundlagen des Glücks, der Faktoren für langfristige Zufriedenheit und der hedonischen Anpassung kann ein schlüssiges Bild davon geben, wie du ein erfüllteres Leben führst. Erkenntnisse aus diesen Bereichen bieten wertvolle Hinweise darauf, wie und warum du Glück empfindest und wie du dein **Wohlbefinden** nachhaltig beeinflussen kannst.

Positive Psychologie vs. Traditionelle Psychologie

Früher lag der **Fokus** in der Psychologie oft auf Pathologien. Auf alles, was irgendwie „falsch" läuft im Kopf. Die Frage war meistens: Wie fixen wir diese Störung? Aber es gibt eine andere Art, das Ganze zu betrachten - die **positive Psychologie**. Stell dir das so vor: Statt immer nur zu gucken, was kaputt ist, schaut positive Psychologie auf deine **Stärken**. Was kannst du richtig gut und wie kann dir das helfen, glücklicher zu sein? Das ist eigentlich gar nicht so weit hergeholt, oder?

Also, wie funktioniert das nun? Positive Psychologie sagt: „Hey, wir alle haben Schwächen. Aber wir haben auch Stärken." Das bedeutet, du konzentrierst dich nicht nur darauf, was verbessert werden muss, sondern auch darauf, was schon gut läuft. Und hey, das kann echt **motivierend** sein. Während die traditionelle Psychologie häufig auf Defizite schaut und versucht, diese zu beheben, lädt dich die positive Psychologie dazu ein, einmal auf deine Ressourcen zu blicken. Diese Herangehensweise hat einfach etwas Erfrischendes, oder?

Aber wie ergänzt positive Psychologie denn traditionelle Ansätze? Ganz einfach - herkömmliche Therapien und positive Psychologie sind kein Entweder-oder-Ding. Es ist mehr ein Sowohl-als-auch. Zum Beispiel, wenn du an **Depression** leidest, kannst du natürlich von traditioneller Therapie profitieren, um die Symptome irgendwie in den Griff zu bekommen. Aber gleichzeitig kann positive Psychologie helfen, indem sie den Fokus auf Dinge legt, die trotzdem gut laufen. So eine Art doppeltes Lottchen für die Psyche.

Durch diese Ergänzung emotionale und psychische Verbesserung anzugehen, wird oft ein umfassenderes und nachhaltigeres **Wohlbefinden** erreicht. Stell dir vor, du baust ein Haus - die traditionelle Psychologie bringt dir das Fundament, und die positive Psychologie bringt dir den Garten und die schöne Inneneinrichtung. Beide Teile zusammen machen das Zuhause erst richtig komplett. Klingt doch super, oder?

Trotz all dem Lob gibt's natürlich auch Kritik an der positiven Psychologie. Manche werfen ihr vor, sie sei zu simpel oder ignoriere die dunkleren Seiten des menschlichen Daseins. Diese Kritiker sagen, positive Psychologie könnte dich dazu bringen, deine Probleme runterzuspielen oder zu glauben, alles sei nur eine Frage der Einstellung. Und klar, nicht alles lässt sich durch ein Lächeln lösen. Steile Herausforderungen und echte seelische Schmerzen erfordern oft tiefgehende und intensive therapeutische Methoden.

Einige **Wissenschaftler** haben auch Bedenken, dass positive Psychologie manchmal zu sehr verallgemeinert. Nicht jeder Mensch erlebt Glück und Zufriedenheit auf die gleiche Weise. Was für den einen funktioniert, muss nicht zwangsläufig für dich hilfreich sein. Und das ist eben ein heikler Punkt. Aber es bleibt dabei wertvoll, diese Perspektiven zu kennen und zu nutzen, wo sie passen.

Letztendlich geht es darum, einen guten Mix zu finden, der für dich funktioniert. Die Stärken finden, die positiven Seiten sehen, aber auch realistisch und auf dem Boden bleiben. Positive Psychologie bietet hier einen erfrischenden Ansatz, der sowohl ergänzt als auch herausfordert. Mal den **Blickwinkel** zu wechseln, kann unglaublich entlastend wirken. So, wie siehst du das?

Zum Schluss

In diesem Kapitel hast du viele **wertvolle** Lektionen gelernt, die dir helfen können, deinen Alltag zu verbessern. Lass uns die wichtigsten Punkte kurz zusammenfassen:

Du hast einen Einblick in das grundlegende **Ziel** und die Prinzipien der positiven Psychologie bekommen. Dabei wurde dir der Unterschied zwischen positiver Psychologie und traditionellen Ansätzen klar. Du hast erfahren, wie positive Psychologie dein tägliches **Leben** bereichern kann und wie positive **Emotionen** und Charakterstärken dein **Wohlbefinden** fördern. Außerdem hast du die wissenschaftlichen Grundlagen des **Glücks** kennengelernt und deren Einfluss auf dein Leben verstanden.

Diese **Erkenntnisse** sind nicht nur graue Theorie, sondern lassen sich in kleinen Schritten in deinem Alltag umsetzen. Versuche doch mal, die Prinzipien der positiven Psychologie jeden Tag anzuwenden. So kannst du Schritt für Schritt ein friedlicheres und erfüllteres **Leben** führen.

Denk daran: Rom wurde auch nicht an einem Tag erbaut. Nimm dir die Zeit, die du brauchst, und sei geduldig mit dir selbst. Mit der Zeit wirst du merken, wie sich deine Sichtweise verändert und du positiver durchs Leben gehst. Also, pack's an und mach das Beste draus!

Kapitel 4: Denkweisen-Veränderungen für Überdenken

Hast du jemals das **Gefühl**, dass deine **Gedanken** kreisen wie ein Wirbelsturm, ständig in Bewegung, ohne Pause? Ich weiß, wie es ist, gefangen zu sein in diesem endlosen Strudel aus Grübeleien und Sorgen. Die Dinge könnten so viel einfacher sein, oder? Dieses Kapitel ist dafür da, dir zu helfen, diese Ketten zu sprengen.

Stell dir vor, du könntest all die negativen **Gedanken**, die dich zurückhalten, umwandeln. Du wirst entdecken, wie eine einfache Veränderung in deiner **Denkweise** dein Leben komplett auf den Kopf stellen kann. Zuerst zeige ich dir Wege, einen **Wachstumsgeist** zu entwickeln. Danach reden wir über Selbst-Mitgefühl – ja, ich weiß, klingt einfacher gesagt als getan. Und dann? Wir nehmen den negativen Selbstgesprächen den Wind aus den Segeln und lernen, wie man negative **Gedankenmuster** umformuliert.

Kann ich dir ein kleines Geheimnis verraten? Am Ende wartet ein praktisches **Übungsskript** auf dich. Ein kleines Werkzeug, das du sofort anwenden kannst. Bist du bereit für ein bisschen mehr **Seelenfrieden**? Los geht's!

Entwicklung einer Wachstumsmentalität

Du kennst das: Du sitzt da und kannst einfach nicht aufhören, über alles Mögliche zu **grübeln**. Eine **Wachstumsmentalität** kann da wahre Wunder wirken. Anstatt zu glauben, du steckst in einem festen Raster, öffnet dir die Wachstumsmentalität die Augen dafür, dass du dich ständig weiterentwickeln kannst.

Menschen neigen dazu, zu viel nachzudenken, weil sie Angst haben, **Fehler** zu machen oder nicht gut genug zu sein. Aber was wäre, wenn Fehler eigentlich dazu da sind, um daraus zu lernen? Genau hier kommt die Wachstumsmentalität ins Spiel. Anstatt Angst vor Fehlern zu haben, siehst du sie als Chance, besser zu werden. Das Ergebnis? Du grübelst weniger, weil die Angst, etwas falsch zu machen, verschwindet.

Diese Denkweise hat auch einen tollen Effekt auf dein inneres **Selbstgespräch**. Wenn du daran glaubst, dass du dich verbessern kannst, sprichst du auch positiver mit dir selbst. Du ertappst dich dabei, dich nicht mehr kleinzureden, sondern dich zu ermutigen. Statt „Ich schaffe das sowieso nicht" denkst du „Ich bin auf dem Weg, es zu schaffen".

Nahtlos zu unserem nächsten Punkt: Deine **Rückschläge** und **Herausforderungen** nehmen eine ganz neue Bedeutung an. Erinnere dich mal an das letzte Mal, als etwas nicht geklappt hat. Hast du gedacht, dass du einfach nicht gut genug bist? Hier kommt eine einfache, aber tolle Technik ins Spiel: die „noch nicht" Technik. Wenn du etwas nicht gleich hinbekommst, sag dir einfach „noch nicht". Das öffnet die Tür dazu, weiterzumachen und zeigt dir, dass du einfach noch am Lernen bist und dass du es irgendwann schaffen wirst.

Durch die „noch nicht" Technik lernst du, Situationen anders zu bewerten. Nicht als Endstation, sondern als Zwischenstopp. So nimmst du Rückschläge entspannter und machst dir keinen Stress mehr, was wieder dazu beiträgt, dass du weniger grübelst. Wenn du diese Technik anwendest, bekommst du automatisch eine positivere Einstellung und nimmst dir den Druck, perfekt sein zu müssen.

Zusammengefasst hilft dir die Annahme einer Wachstumsmentalität dabei, weniger zu grübeln. Du lernst, dass du nicht stillstehst, sondern dich stetig verbesserst. Deine inneren Gespräche ändern sich und du bewertest Rückschläge als Teil eines größeren Prozesses. Diese Denkweise gibt dir die Freiheit, Fehler zu machen und aus ihnen zu lernen, anstatt dich darüber zu ärgern.

Klingt doch schon mal gar nicht so schlecht, oder? So merkst du, wie das eine zum anderen führt und dir jede kleine Änderung zeigt, wie du kontinuierlich **wachsen** und diese Gedankenspirale durchbrechen kannst. Du wirst feststellen, dass es nicht darum geht, alles perfekt zu machen, sondern darum, immer weiterzumachen und auf diesem Weg zu lernen.

Also, fang gleich an, diese Prinzipien anzuwenden. Mach Fehler, lerne daraus, und sag dir bei jeder Herausforderung, die du gerade „noch nicht" gepackt hast, dass du auf dem richtigen Weg bist. Du wirst sehen, deine Tendenzen zum Überdenken werden nach und nach abbauen. Schließlich ist es dieser stetige **Fortschritt**, das Weiterkommen und die positiven Gedanken, die dir zeigen, dass du es nur deswegen „noch nicht" geschafft hast, weil du dazu erst wachsen musst.

Selbstmitgefühl üben

Überdenken passiert oft, weil du zu hart mit dir selbst bist. Denk mal drüber nach: Hast du jemals eine Nacht wach gelegen, weil du nicht aufhören konntest, über einen **Fehler** nachzudenken? Ja, wir alle waren da. Selbstmitgefühl ist ein starkes **Werkzeug**, um diese harte Selbstkritik zu stoppen. Tatsächlich hilft es sehr, das ständige Grübeln zu beruhigen.

Stell dir vor, Selbstmitgefühl ist wie eine freundliche **Stimme** in deinem Kopf, die dich daran erinnert, dass du menschlich bist und Fehler machen darfst. Diese freundliche Stimme hilft, negative

Gedanken zu bekämpfen und dir selbst zu vergeben. Keine Sorge, diese Veränderungen passieren nicht über Nacht. Es ist ein Prozess, aber ein lohnenswerter.

Jetzt lass uns die drei Komponenten des Selbstmitgefühls genauer ansehen: Freundlichkeit gegenüber sich selbst, gemeinsames Menschsein und **Achtsamkeit**. Diese Komponenten arbeiten zusammen, um Angstgefühle zu reduzieren und dich zu beruhigen.

Erstens, die Freundlichkeit gegenüber sich selbst. Das bedeutet, dich wie einen guten Freund zu behandeln. Wenn du etwas falsch machst, sei nicht zu streng. Stattdessen, sei verständnisvoll und zärtlich. Und ja, ich weiß, das klingt kitschig, aber es funktioniert echt. Wenn du dich selber wie deinen besten **Kumpel** behandelst, hörst du auf, dich ständig fertigzumachen.

Zweitens gibt es das gemeinsame Menschsein. Dies erinnert dich daran, dass du nicht allein bist. Jeder macht Fehler. Jeder hat schlechte Tage. Deine Probleme sind nicht einzigartig, sondern ein Teil der menschlichen **Erfahrung**. Wenn du das checkst, dann fallen dir deine eigenen Sorgen weniger groß auf.

Und da gibt es die Achtsamkeit. Das ist knifflig, aber entscheidend. Achtsam sein bedeutet, deine Gefühle zu bemerken, ohne sie zu bewerten. Einfach feststellen, was du empfindest und nicht versuchen, es zu verdrängen oder zu verändern. Akzeptiere, dass es okay ist, traurig oder enttäuscht zu sein.

Nun mal ehrlich, fühlt sich das schwierig an? Doch keine Sorge, hier kommt die Technik der "Selbstmitgefühls-Pause" ins Spiel, um Freundlichkeit zu dir selbst zu fördern. Diese Technik ist einfach, kann aber vieles verändern. Wenn du bemerkst, dass du dich schlecht über dich selbst fühlst, halt einen Moment inne. Atme tief durch... und sage zu dir: "Das ist ein Moment des Leidens. Leiden gehört zum Leben. Möge ich freundlich zu mir selbst sein."

Wiederhole dies einige Male. Du wirst überrascht sein, wie sehr es hilft, mitfühlend mit dir selbst zu sprechen. Du schaffst regelrecht

Platz für eine Atmosphäre der Selbstliebe und des Verständnisses in deinem Kopf.

So ein **Mindset**-Wechsel kann wie eine frische Brise in deinem Leben sein, das Verfolgen von Selbstmitgefühlstechniken kann wirklich den Unterschied machen. Wenn du schrittweise beginnst, diese Selbstmitgefühlspraktiken in dein Leben zu integrieren, wirst du sehen, dass das Überdenken langsam nachlässt. Fang einfach an und höre nie auf, nett zu dir selbst zu sein.

Letztendlich, sich selbst mit Mitgefühl anzunehmen, hievt das **Wohlbefinden** auf eine neue Stufe. Es ist überhaupt nicht schwer; du musst nur den Startwagen selbst anstoßen und dich daran erinnern, dass perfekte Menschen langweilig wären.

Negative Selbstgespräche herausfordern

Manchmal **hörst** du diese ständigen negativen Stimmen in deinem Kopf, die dir sagen, dass du nicht gut genug bist. Du weißt genau, welche ich meine. Diese kritischen **Gedanken** können wirklich nervig sein und führen oft dazu, dass du zu viel grübelst. Aber hey, das Identifizieren und Hinterfragen dieser negativen Selbstgespräche kann ein echter Game-Changer sein. Du fängst an zu merken, welche negativen Phrasen immer wieder in deinem Kopf auftauchen. Dann stellst du dir Fragen wie: "Ist das wirklich wahr?" oder "Gibt es Beweise dafür?" Indem du diese Gedanken kritisch hinterfragst, unterbrichst du den Kreislauf und machst Platz für positivere **Denkmuster**. Absurderweise kann es helfen, dich selbst zu fragen, ob du einem Freund dieselben harten Worte sagen würdest. Wahrscheinlich eher nicht, oder? Also, sei genauso nett zu dir selbst!

Das ist aber erst der Anfang. Diese Methode wird oft von etwas Größerem unterstützt: kognitive Umstrukturierung. Das klingt fancier, als es ist, versprochen.

Kognitive Umstrukturierung ist im Prinzip das Akklimatisieren deines Geistes an neue **Denkweisen**. Du ersetzt diese negativen Gedanken durch positivere, realistischere. Ein bisschen wie bei einem Filterwechsel – du tauschst den alten, schmutzigen Gedankenfilter gegen einen neuen, sauberen aus. Und es **funktioniert**! Viele Leute bemerken, dass sie weniger ängstlich und gestresst sind, wenn sie ihre gewohnheitsmäßigen Denkweisen anpassen. Es ist unglaublich, welchen Unterschied ein bisschen bewussteres Denken machen kann. Überleg mal: Wenn du dir sagst, dass du etwas nicht kannst, wird dein Körper wahrscheinlich zustimmen. Aber wenn du dir sagst, dass etwas möglich ist, stehen die Chancen viel besser, dass es auch klappt. Es mag Zeit und Übung erfordern, aber es ist alle Mühe wert.

Die Verbindung dieser Teilbereiche führt uns direkt zur „Gedankenstopp"-Technik. Diese Technik zielt darauf ab, diese negativen Gedankenspiralen zu unterbrechen und dich wieder ins Hier und Jetzt zu bringen.

Die „Gedankenstopp"-Technik ist eine Methode, bei der du buchstäblich „Stopp!" sagst, wenn ein negativer **Gedanke** auftaucht. Einfach so, laut oder leise für dich selbst. Du kannst es auch verstärken, indem du die Hand hebst oder einen anderen physischen Trigger nutzt. Dann lenkst du deinen **Fokus** sofort auf etwas Positives oder Ablenkendes. Es ist wie ein mentaler Reset-Knopf. Diese Technik hilft dabei, die Macht dieser Gedanken zu mindern und deinen Geist ruhig zu halten. Fallen die negativen Gedanken mal wieder über dich her? Sag einfach laut „Stopp!", setz ein inneres Zeichen und richte deine Aufmerksamkeit auf etwas Positives – eine Erinnerung, die dich glücklich macht, oder eine schöne Vorstellung. Diese einfache Handlung kann viel bewirken.

Also, die Kombination aus dem Identifizieren und Hinterfragen negativer Selbstgespräche, kognitiver Umstrukturierung und der „Gedankenstopp"-Technik bietet dir umfassende Werkzeuge, um wirklich etwas zu verändern. Negative Denkmuster können unterbrochen werden und weniger **Macht** über dich haben. In meinen Augen ist das ein notwendiger Schritt zur Freiheit von übermäßigem Grübeln. Du schaffst das!

Negative Gedanken umdeuten

Okay. Negative Gedanken. Wir alle haben sie. Aber was wäre, wenn du sie **umwandeln** könntest? Stell dir vor, du siehst eine Prüfung als Problem an. Viel Stress und Sorge. Aber was, wenn du sie als **Chance** betrachtest, dein Wissen zu zeigen? Die veränderte Perspektive kann Wunder wirken.

Eine veränderte **Perspektive** ist echt cool. Es bedeutet, dass du deine Gedanken von negativ zu ausgewogen umändern kannst. Du erkennst also, dass etwas nicht nur schlecht ist. Zum Beispiel: Dein Chef bittet dich um Überstunden. Echt blöd, oder? Aber denk mal drüber nach. Vielleicht ist es auch eine Anerkennung für deine Fähigkeiten? So kann eine nervige Situation gleich anders aussehen.

Übrigens. Das Ganze hat einen wissenschaftlichen Namen: kognitive **Neubewertung**. Klingt kompliziert, ist aber total simpel. Es geht darum, deine emotionalen Reaktionen zu lenken. Ein Beispiel: Du steckst wieder im Stau. Echt ätzend! Du könntest dich aufregen. Oder du nutzt die Zeit, um ein cooles Hörbuch zu hören. Siehst du? Eine Neubewertung wirkt wahre Wunder. Sie bringt dir quasi eine neue Art, auf Dinge zu reagieren, ohne gleich auszuflippen.

Jetzt kommen wir zu einer bestimmten Technik: **Umdeuten**. Weißt du, was das ist? Es bedeutet, alternative Interpretationen von Situationen zu finden. Die gibt's wirklich für fast alles. Stell dir vor, dein Kumpel hat vergessen, dir zum Geburtstag zu gratulieren. Echt mies, oder? Aber vielleicht war er mega im Stress und wird es dir später erklären? Mit Umdeuten legst du den Grundstein dafür, dass du aufhörst zu grübeln und machst dir das Leben viel leichter.

Ein weiteres Beispiel: Du bekommst eine kritische E-Mail von der Arbeit. Ohje, die könnte dir echt das Wochenende verhageln! Aber wenn du versuchst, die E-Mail zu analysieren und ihr vielleicht eine andere **Bedeutung** gibst, warum sie so streng klingt, sieht die Welt schon nicht mehr ganz so düster aus. Vielleicht hatte der Schreiber einfach einen schlechten Tag. Es geht darum, Optionen im Kopf durchzuspielen, ohne immer das Schlimmste anzunehmen.

Siehst du? Alles liegt daran, wie du Dinge ansiehst und **bewertest**. Mit einem kleinen gedanklichen Trick kannst du viel gelassener durch den Alltag gehen. Sag Tschüss zu ständigem Überdenken. Lerne, Dinge umzudeuten, und schaffe es, einen entspannteren **Lebensstil** zu führen. Mach's dir einfacher und nimm die Dinge leichter. Vielleicht klappt's nicht sofort, aber Übung macht den Meister, wie man so schön sagt.

Und denk dran: Es ist gar nicht so kompliziert. Einfach mal anders überlegen. Ein bisschen an deinen Gedanken schrauben, und plötzlich fühlt sich vieles leichter und weniger stressig an. Das ist alles – ein bisschen inneres Umdeuten und Neubewerten. Probier's doch mal aus!

Praktische Übung: Skript für positive Selbstgespräche

Hey, lass uns mal **checken**, was in deinem Kopf so abgeht, wenn's um negative Gedanken geht. Zuerst geht's darum, einen dieser häufigen Gedanken zu erkennen. Stell dir vor, ein Gedanke taucht immer wieder auf. Zum Beispiel: "Ich werde das eh nicht schaffen." Kommt dir das bekannt vor?

Wenn du so einen Gedanken findest, **schreib** ihn auf. Ein Blatt Papier reicht völlig. Warum? Damit du genau siehst, was dein Kopf dir so einredet.

Nächster Schritt! Denk an das **Gefühl**, das mit deinem negativen Gedanken einhergeht. Schreib auf, wie sich das anfühlt. Vielleicht bist du traurig oder gestresst. Oder einfach ziemlich mies drauf. Wichtig ist: Verdräng das Gefühl nicht, sondern lass es zu.

Jetzt kommt ein kleiner Reality-Check. Zeit, den Gedanken zu **hinterfragen**. Gibt's echte Beweise dafür, dass du das wirklich nicht schaffen kannst? Manchmal findest du gar keine, dann wird's spannend. Denk auch an die Gegenbeweise. Hast du schon mal was Schwieriges gemeistert? Na siehste. Wichtig hier: Sei wirklich kritisch, das lohnt sich.

Wenn du einen negativen Gedanken hinterfragst, zeigt sich oft mehr **Wahrheit**. Das nutzen wir jetzt. Erstell eine positive, realistische alternative Aussage. Klingt vielleicht etwas steif, aber lass es uns locker angehen. Wandle "Ich werde das eh nicht schaffen" um in etwas wie "Ich hab schon so viele Herausforderungen gemeistert, diese pack ich auch." Klingt doch besser, oder?

Jetzt wird's praktisch. Tägliches **Wiederholen** hilft echt. Puh, klingt nach Arbeit? Ja, kann sein. Aber stell dir vor, wie sich das auszahlt. Mindestens eine Woche lang sprichst du diese positive, alternative Aussage täglich laut aus. Wie ein Ritual. Egal wo, Hauptsache du sagst es dir. Vielleicht beim Zähneputzen oder auf dem Weg zur Arbeit.

Nach einer Woche? Zeit zur **Reflexion**. Nimm dir einen Moment und überleg, wie sich deine Gefühle und dein Verhalten verändert haben. Fühlst du dich besser, selbstsicherer vielleicht? Hat sich dein Verhalten verbessert? Geht's dir ein Stück wohler?

Hier schließt sich der Kreis. Der Prozess vom Gedanken beobachten, Gefühle anerkennen, kritisch hinterfragen, positive

Alternativen finden, üben und reflektieren bringt dir den gewünschten **Erfolg**.

So, dieser Plan ist ein super Start. Lass dich einfach mal drauf ein. Ich hab das Ganze selbst durchgemacht und was soll ich sagen - klingt zwar schwierig, klappt aber echt gut.

Zum Schluss

In diesem Kapitel hast du viele **wichtige** Konzepte gelernt, die deinen Umgang mit Überdenken erheblich verbessern können. Du hast gesehen, dass eine **positive** Denkweise großartige Veränderungen bewirken kann und dass **Selbstmitgefühl** die negativen Gedanken vertreibt. Außerdem haben wir praktische **Techniken** kennengelernt, um negatives Selbstgespräch zu hinterfragen und umzuwandeln.

Du hast erfahren, wie eine **Wachstums-Mentalität** dazu beitragen kann, die Neigung zum Überdenken zu verringern. Der Glaube an persönliches Wachstum kann das negative Selbstgespräch reduzieren. Die "Noch"-Technik hilft dir, **Herausforderungen** und Rückschläge neu zu bewerten. Selbstmitgefühl kann harte Selbstkritik abschwächen. Die Komponenten von Selbstmitgefühl spielen eine wichtige Rolle bei der Reduzierung von **Angst**.

Dieses Wissen wird dir helfen, selbstbewusst mit deinen **Gedanken** umzugehen und sie in eine positive Richtung zu lenken. Jeder von uns hat die Fähigkeit, negative Gedanken in produktivere und freudigere umzuwandeln. Setz das Gelernte in die Tat um, und du wirst sehen, wie sich deine Einstellung und dein Leben zum Besseren wenden können. Los geht's – du packst das!

Kapitel 5: Sofortige Strategien, um Grübeln zu stoppen

Hast du dich schon mal in einem endlosen **Gedankenkarussell** gefangen gefühlt, aus dem du einfach nicht rauskommst? Kein Spaß, das kenne ich auch. Genau deswegen habe ich dieses Kapitel geschrieben. Hier zeige ich dir einfache Wege, wie du das nervige **Grübeln** stoppen und eine Weile einfach im Moment leben kannst. Vertrau mir, keine komplizierten Tricks oder super abstrakten Theorien—nur leicht verständliche **Strategien**, die du sofort anwenden kannst.

Das kennst du bestimmt: Du liegst im Bett und hast zu viele dumme Gedanken. Dieses Kapitel fühlt sich ein bisschen an wie eine persönliche **Rettung** vor all der Unsicherheit, die in deinem Kopf Chaos anrichtet. Du kannst es ganz entspannt lesen—es passt auch um drei Uhr morgens, wenn das **Gedankenchaos** am heftigsten ist.

Bist du bereit, deinen inneren **Zustand** zu ändern? Keine Sorge, ich werde hier weder gemein noch belehrend sein. Reichst du mir die Hand und versuchst es? Hui, ich freu mich!

Hier findest du praktische **Tipps**, um dein Grübeln in den Griff zu bekommen und endlich zur Ruhe zu kommen. Lass uns gemeinsam daran arbeiten, deine **Gedankenwelt** zu entrümpeln und mehr Klarheit in dein Leben zu bringen. Es wird Zeit, dass du wieder Herr (oder Frau) deiner Gedanken wirst!

Die STOP-Technik

Also, du bist mitten im **Grübeln**, und es fühlt sich an, als würdest du dich in einem Gedankenkarussell drehen. Da kann die STOP-Technik wirklich nützlich sein. Kurz gesagt, diese **Methode** bietet dir eine sofortige Pause vom Grübeln. Mal ehrlich, wer will nicht manchmal einfach den Stopp-Knopf drücken? Sie hilft dir, genau das zu tun – den Kopf frei bekommen, auch wenn's nur für einen Moment ist.

Aber wie funktioniert das? Die STOP-Technik basiert auf psychologischen Prinzipien, die **Gedankenmuster** unterbrechen können. Wenn du deinen Gedankenkreislauf stoppst, gibst du deinem Gehirn die Möglichkeit, eine neue Richtung einzuschlagen. Das Unterbrechen sich wiederholender, negativer Gedanken kann Wunder wirken – du gibst deinem Kopf eine Chance, aufzuwachen und das Denken aufs Neue zu ordnen.

Okay, kommen wir nun zu den vier Schritten der STOP-Technik. Sie heißen: Stoppen, Tief durchatmen, Beobachten, Fortfahren. Klingt einfach, oder? Lass uns diese Schritte mal genauer durchgehen.

• Stoppen: Wie der Name schon sagt – hör einfach auf. Stell es dir so vor: Du drückst gedanklich die Pausetaste. Egal, was du tust oder denkst, halte es einfach für einen Moment an. Diese kleine Pause kann dir helfen, einen klaren Kopf zu bekommen und die Negativität zu stoppen.

• Tief durchatmen: Ein großer, tiefer **Atemzug** kann so einiges bewirken. Atme langsam und tief durch die Nase ein und durch den Mund wieder aus. Das beruhigt nicht nur den Körper, sondern auch den Geist. Fühl, wie die Spannung abfällt, und du dich wieder mehr auf den Moment konzentrieren kannst.

• Beobachten: Schau dir deine Gedanken an, als ob du ein unbeteiligter Zuschauer wärst. Keine Bewertung, nur Beobachtung.

Was denkst du gerade? Wie fühlst du dich? Diese kleine **Selbstreflektion** kann dir helfen, deine Gedankenmuster zu erkennen und besser zu verstehen. Es ist hart, sich zu distanzieren, aber dieser Schritt ist entscheidend.

• Fortfahren: Nachdem du diese kleine mentale Pause gemacht hast und klarer gedacht hast, mach weiter. Geh zurück zu dem, was du getan hast, aber mit einem frischeren Geist. Vielleicht siehst du die Probleme jetzt aus einer anderen Perspektive oder findest eine neue Lösung.

Und weißt du was? Die STOP-Technik kannst du überall und jederzeit anwenden. Egal ob bei der **Arbeit**, zu Hause oder unterwegs – du hast dieses einfache Werkzeug immer bei dir. Diese Technik kann ein Lebensretter in **Stresssituationen** sein und hilft dir eigentlich ganz einfach, aus diesem endlosen Gedankenstrudel herauszukommen.

Alles in allem, denk dran: Der erste Schritt ist immer der härteste. Aber je öfter du die STOP-Technik anwendest, desto einfacher wird es. Probier's ruhig mal aus. Es könnte echt funktionieren! Warum den Kopf endlos über Dinge zerbrechen, wenn's viel einfachere Wege gibt, um **Ruhe** zu finden? Im Grunde genommen ist es die Macht, deine eigenen Gedanken zu beherrschen. Und das ist doch eine ziemlich coole Superkraft, oder nicht?

Erdungsübungen

Du kennst dieses **Gefühl**. Deine Gedanken kreisen wie verrückte Bienen – immer rund und rund. Erdungsübungen helfen, deinen **Fokus** schnell von all dem Chaos in deinem Kopf auf das Hier und Jetzt zu lenken. Ganz ehrlich? Es ist wie ein mentaler Reset-Knopf. Und das klappt ziemlich fix.

Stell dir das mal vor: Du bist mitten in einem Gedankenstrudel gefangen. Deine **Sorgen** tanzen Tango in deinem Kopf. Was machst du dann? Erdungsübungen! Eine der einfachsten Methoden, um deinen Geist zu beruhigen, ist durch deine **Sinne**. Wenn du dich auf das konzentrierst, was du um dich herum spüren, riechen, sehen, hören oder schmecken kannst, lenkst du deinen Fokus von den Gedanken weg.

Besonders effektiv ist es, mehrere Sinne gleichzeitig zu nutzen. So gibst du deinem **Gehirn** schlichtweg keine andere Wahl, als an mehreren Fronten zugleich zu arbeiten – was die besorgniserregenden Gedanken einfach ausbremst. Klingt wie ein Trick, oder? Aber es hat tatsächlich neurologische Vorteile. Dein Gehirn kann sich nicht auf so viele kleine Sinneseindrücke und die großen Sorgen gleichzeitig konzentrieren. Das Hin- und Herschalten kostet zusätzliche Energie, was wiederum beruhigend wirkt. Das Einbeziehen mehrerer Sinne verschafft dir eine schnelle Pause von deinem Grübeln.

Also, lass uns mal über eine bestimmte **Technik** reden. Eine der schlichtesten und wirkungsvollsten Übungen ist die „5-4-3-2-1"-Übung. Klingt fast wie ein Countdown – und in gewisser Weise ist es das auch. Ein Countdown zur Erdung. Also, wie funktioniert das?

Zuerst achtest du darauf, was du sehen kannst. Nenne fünf Dinge, die gerade sichtbar sind. Vielleicht siehst du die Tasse auf deinem Tisch oder das Buchregal in der Ecke. Mag banal wirken, ist aber immens hilfreich.

Dann hörst du genau hin. Nenne vier Geräusche, die du wahrnehmen kannst. Vielleicht ist es das Rauschen des Windes oder das Summen eines Elektrogeräts im Hintergrund. Tauche ein in diese Welt der kleinen Klänge.

Nächster Schritt: fühlen. Tasten zählt. Spüre drei Dinge, die du in deiner Nähe berühren kannst. Das könnte dein weiches Kissen sein oder die kühle Wand. Diese Texturen bringen dich zurück ins Jetzt.

Jetzt richtest du deine Aufmerksamkeit auf den Geruch. Nenne zwei Dinge, die du riechen kannst. Der Duft deines frischen Kaffees oder der Geruch deines Lieblingstieres können dich angenehm ablenken.

Schließlich gehst du zum eigentlichen Geschmack. Such einen Geschmack heraus. Vielleicht ist es das Kaugummi in deinem Mund oder einfach die Tatsache, dass du gerade keinen speziellen Geschmack wahrnimmst. Es geht hier um den Abschluss dieses kleinen Rituals.

Im Ganzen gesehen umfasst die „5-4-3-2-1"-Übung alle Sinne und bietet dir im Hier und Jetzt einen festen Ankerplatz. Ein ziemlich kräftiger Trick gegen das fiese Überdenken, oder? Nächstes Mal, wenn sich deine Gedanken wie eine wild gewordene Horde Bienen verhalten – probier's einfach mal aus.

Die Sinne arbeiten in perfekter Harmonie, um dir zu helfen, bei dir anzukommen. Diese Übungen erinnern dich daran, dass du immer die **Wahl** hast, deinen Fokus zurückzuerlangen. Klar, manchmal überwiegen die Sorgen oder Ängste. Aber allein diese Übung zeigt dir: Du kannst sie zumindest einbremsen und den Kopf frei bekommen. Ein beruhigendes Gefühl, jetzt wo du weißt, wie's geht.

Gedankendiffusionsmethoden

In Kapitel 5 geht's darum, wie du das ständige **Überdenken** endlich stoppen kannst. Eine wichtige Methode führt uns direkt zu unserem Thema: **Gedankendiffusion**. Das klingt komplizierter, als es ist - versprochen. Stell dir Gedankendiffusion einfach als ein Werkzeug vor, das dir hilft, dich von aufdringlichen Gedanken zu distanzieren. Du bist deine Gedanken nicht. Du hörst ihnen bloß zu.

Als Nächstes solltest du dich mal mit kognitiver Defusion befassen. Warum ist das so wichtig? Weil es dir helfen kann, dich weniger in deinen **Gedanken** zu verfangen. So kannst du sie betrachten, ohne dass sie dich gleich komplett einnehmen. Klar, das ist leichter gesagt als getan, aber es ist machbar. Vielleicht denkst du dir jetzt: "Na super, wie geht das denn?" Ganz einfach - mit etwas Übung wirst du feststellen, dass du nicht immer alles glauben musst, was dein Kopf dir erzählt.

Jetzt, um von der Theorie zur Praxis zu kommen, lohnt es sich über eine spezielle Technik zu sprechen: die "Blätter auf einem Bach"- **Visualisierung**. Die kennst du vielleicht nicht, aber sie ist super wirkungsvoll. Stell dir vor, du sitzt an einem ruhigen **Bach**. Auf den Blättern, die am Wasser treiben, siehst du deine Gedanken. Jedes Blatt trägt einen Gedanken. Du beobachtest, wie die Blätter am Bach entlang treiben. Und weißt du was? Die Blätter - also deine Gedanken - treiben irgendwann weiter und verschwinden aus deinem Blick. So simpel und dennoch so effektiv.

Um das umzusetzen, setzt oder legst du dich bequem hin. Schließe die **Augen**. Beginne, dich auf deine **Atmung** zu konzentrieren. Dann stellst du dir diesen Bach vor. Sieh die Blätter schwimmen, und wenn ein Gedanke auftaucht, legst du ihn gedanklich auf eines der Blätter. Lass es treiben. Beeindruckend, oder?

Und jetzt siehst du, wie klar und einfach Gedanken auch mal zur Seite gelegt werden können. Diese Technik macht genau das. Sie hilft dir, Abstand zu gewinnen, damit du ruhiger und mit weniger **Stress** und Druck weiter den Tag bewältigen kannst. Es ist nicht sofort Zauberei, aber hey, gut Ding will Weile haben.

Von der Geschichte dieser Visualisierung kann man sagen, dass viele Menschen, die das probiert haben, erstaunt darüber waren, wie so eine einfache Idee so effektive Resultate liefern kann. Abenteuerliche Reisen im Kopf unternehmen kannst du auch mit minimalen Mitteln – einfach zurücklehnen, loslassen und dir vorstellen.

Also, wenn du nächstes Mal merkst, dass dir wieder ein Gedankenkarussell droht, dann denk daran. Stell dir diesen schönen

Bach vor und lass alles einfach dahin treiben. Du wirst sehen, wie beruhigend das sein kann. Fix, oder?

Die 5-4-3-2-1-Technik

Manchmal fühlst du, als ob dein **Gehirn** in einer endlosen Schleife gefangen ist. Ständig kreisen die **Gedanken**. Einfach nicht zu stoppen. Dabei kann eine kleine Technik, die 5-4-3-2-1-Methode, wahre Wunder wirken und diese Gedankenschleifen sofort unterbrechen.

Mit dieser Technik lenkst du deine **Aufmerksamkeit** bewusst auf deine Sinne. Und das klappt so gut, weil es deinen Verstand mit konkreten Aufgaben beschäftigt hält. Raus aus dem Kopf, rein ins Jetzt.

Stell dir vor, du steckst mitten in einem gedankenverlorenen Gedankenstrom. Du fühlst dich überwältigt. Du nutzt die 5-4-3-2-1-Technik. Plötzlich bist du im Hier und Jetzt. Du fühlst dich ruhig und zentriert. Aber wie funktioniert das?

Sensorische Beschäftigung ist deshalb so effektiv, weil sie dich weg von negativen **Gedankenmustern** bringt und hin zur gegenwärtigen Erfahrung. Dein Verstand kann sich nur auf eine Sache gleichzeitig konzentrieren, also nutze das zu deinem Vorteil. Ein Sprung zu den **Sinnen**.

Nun geht's darum, die Schritt-für-Schritt-Anleitung für die 5-4-3-2-1-Bodenhaftungstechnik durchzugehen.

Zuerst benennst du fünf Dinge, die du in deiner Umgebung sehen kannst. Schau dich um. Wirklich bewusst. Stell dir jeden einzelnen Gegenstand bildlich vor. Deine Pflanze, der Stuhl, das Bild an der Wand.

Okay, weiter. Nun vier Dinge, die du berühren kannst. Wirklich anfassen. Das texturierte Gefühl des Sofas unter deiner Handfläche. Der warme Becher Tee. Dein Atem, der durch die Nase streicht. Unbedeutend klingt's, ist aber echt.

Nächster Schritt. Drei Dinge, die du hören kannst. Horch mal. Der Ventilator, der leise surrt. Das entfernte Murmeln von Passanten auf der Straße. Vögel, die draußen fröhlich zwitschern.

Fast geschafft. Zwei Dinge, die du riechen kannst. Ist es etwa frisch gebrühter Kaffee in deiner Nähe? Oder der deutliche Duft des Parfums, das du heute Morgen aufgetragen hast?

Schließlich eine Sache, die du schmecken kannst. Vielleicht der Geschmack deines Lippenbalsams oder der frisch geputzten Zähne. Der Geschmack deines Kaugummis. Süß oder minzig. Da bist du.

Indem du jeden dieser Sinne ansteuerst, durchbrichst du die Gedankenkette, die dich eingeholt hat. Du zwingst deinen Geist zu einer Wanderung in die **Gegenwart**. Egal wo, egal wann – diese Methode bringt dich zurück in den Moment.

Wie kannst du das alles nun in den Alltag integrieren? Indem du es nicht erst im Ernstfall anwendest, sondern flexibel einbindest. Wie du siehst, nimmt diese Methode wirklich kaum Zeit in Anspruch. Sie lässt sich super in den Alltag streuen. Morgens im Bett, damit kein Gedankenkreisen aufkommt. Mittags im Büro, um den Arbeitsstress abzublocken.

Alles dabei ist kinderleicht, schränk dich nur nicht ein. Mach dich mit der Technik vertraut, sie wird ein intuitiver Bestandteil deines mentalen **Werkzeugkastens**. Du wirst merken, dass du mehr Kontrolle über deine Gedanken erlangst und vor allem über das Abschweifen.

Die 5-4-3-2-1-Technik erleichtert dein Leben auf einfache Art, wodurch du achtsamer und weniger beschäftigt wirst. Probier's aus, und du kannst in stressigen Momenten schneller aus negativen

Gedankengängen herauskommen. Es fühlt sich nie mehr überwältigend an... ein wahrer Vorteil, echt beeindruckend.

So einfach, so effektiv – nutz es!

Praktische Übung: 5-Minuten-Grübel-Unterbrecher

In diesem Abschnitt lernst du eine nützliche Übung kennen, um dein **Grübeln** in nur fünf Minuten zu unterbrechen. Klingt gut? Dann lass uns loslegen!

Zuerst stellst du einen **Timer** auf 5 Minuten. Schwerer als gedacht, oder? Du denkst vielleicht, dass fünf Minuten nicht viel bewirken können. Aber du wirst überrascht sein, wie effektiv es sein kann, wenn du dich voll auf diese kurze Zeit konzentrierst.

Stell dir vor, du aktivierst deinen Timer und bist bereit für den nächsten Schritt. Jetzt nimmst du drei tiefe **Atemzüge** und konzentrierst dich auf das Gefühl des Atmens. Tief einatmen... und dann wieder aus. Spürst du die Luft, die in deine Lungen strömt?

Als Nächstes nennst du fünf Dinge, die du in deiner unmittelbaren **Umgebung** sehen kannst. Schau dich einfach um. Was fällt dir auf? Vielleicht siehst du den Baum draußen oder die Lampe auf deinem Schreibtisch. Jeder Gegenstand zählt.

Wenn du dich auf diese Dinge konzentrierst, lenkst du deinen Fokus weg vom Grübeln und hin zur Realität um dich herum. Weiter geht's!

Finde vier Dinge, die du **berühren** kannst, und beschreibe ihre Texturen. Vielleicht die Decke auf dem Sofa? Oder dein Handy, das du gerade in der Hand hältst? Wie fühlt es sich an? Rau? Glatt? Warm? Sprich mit dir selbst darüber.

Solche kleinen Sinneseindrücke sind stark im Hier und Jetzt verankert. Zeit für das nächste Sensorium.

Hör auf drei verschiedene **Geräusche** in deiner Umgebung. Was hörst du? Das Summen eines Ventilators? Den Verkehr draußen? Vielleicht Vogelgezwitscher? Das wird lehrreich.

Diese Übung hilft dir, aufmerksamer für deine Umgebung zu werden und den endlosen Gedankenkreis zu durchbrechen.

Nimm zwei **Düfte** oder Gerüche in der Luft wahr. Riechst du frischen Kaffee in deiner Nähe oder den Geruch von Essen? Jeder Duft zählt.

Kleine Dinge wie Gerüche können dich sofort in den Moment bringen und von deinen Sorgen lösen. Zum Schluss:

Erkenne einen **Geschmack**, den du schmecken kannst, oder erinnere dich an einen Geschmack. Hast du kürzlich etwas gegessen? Oder kaust du gerade Kaugummi? Überlege, woran dich dieser Geschmack erinnert.

Das war's auch schon! Mit diesen Schritten kannst du das Grübeln in nur fünf Minuten unterbrechen. Ziemlich einfach, oder? Probier's mal aus!

Abschließend

Dieses Kapitel hat dir **wichtige Strategien** vorgestellt, wie du das ständige Nachdenken stoppen kannst. Es bietet **praktische Techniken**, um die Gedankenschleifen zu unterbrechen und mehr Ruhe in deinen Alltag zu bringen. Hier sind die wichtigsten Punkte, die du mitnehmen solltest:

Du hast in diesem Kapitel gesehen:

- Die STOPP-Technik kann eine sofortige Pause vom **Grübeln** bringen.

- Psychologische Prinzipien helfen, Gedankenmuster zu unterbrechen.

- Die vier Schritte der STOPP-Technik: Stopp, Atmen, Beobachten, Weitergehen.

- **Bodenständigkeitsübungen** lenken den Fokus von inneren Gedanken auf äußere Empfindungen.

- Neurologische Vorteile entstehen, wenn mehrere Sinne angesprochen werden, um Ängste zu reduzieren.

- Die 5-4-3-2-1-Wahrnehmungsübung dient als Methode zur schnellen Erdung.

- **Gedankenbeobachtung** schafft Abstand zu aufdringlichen Gedanken.

- Das Konzept der kognitiven Entkopplung reduziert die Gedankenverhaftung.

- Die "Blätter auf einem Strom"-Visualisierungstechnik hilft bei der Gedankenentkopplung.

Mach einen Punkt daraus, dich auf diese **praktischen Übungen** einzulassen und die Techniken in deinem täglichen Leben anzuwenden. So kannst du schneller mit dem Grübeln aufhören und dich **ruhiger** und ausgeglichener fühlen. Viel Erfolg beim Umsetzen dieser Strategien!

Kapitel 6: Techniken zur kognitiven Umstrukturierung

Hast du dich jemals gefragt, ob dein **Denken** dein schlimmster Feind sein könnte? Vielleicht ist es Zeit, dass du dich damit auseinandersetzt. In diesem Kapitel nehme ich dich mit auf eine **Reise** durch sprunghafte Gedanken und verzerrte Perspektiven. Wie oft hattest du schlechte Laune wegen einer vermeintlich miesen Situation, nur um später festzustellen, dass es viel einfacher hätte sein können? Lass uns das mal umdrehen.

Wir schauen uns an, wie du verzerrte **Gedanken** erkennst und mithilfe des ABC-Modells überarbeitest. Du weißt schon, diese kleinen Gedankenstolpersteine, die dir das Leben schwer machen. Ich verspreche, es wird **interessant** und vielleicht sogar ein bisschen lustig. Am Ende dieser Entdeckungsreise hast du nicht nur eine andere Sicht auf dein **Denkmuster**, sondern kannst es auch umstricken. Mach dich bereit: Es wird **praktisch**, mit Übungen und allem Drum und Dran!

Wir werden uns gemeinsam ansehen, wie du deine **Gedankenwelt** neu gestalten kannst. Du lernst, wie du negative **Glaubenssätze** hinterfragst und durch positivere ersetzt. Es geht darum, dir selbst auf die Schliche zu kommen und deine inneren Dialoge zu verbessern. Keine Sorge, du musst kein Psychologe sein, um das hinzukriegen. Mit ein paar einfachen Techniken und etwas Übung wirst du zum Meister deiner Gedanken.

Also, schnall dich an und lass uns loslegen! Es wird eine spannende Fahrt durch die Windungen und Wendungen deines Kopfes. Und wer weiß? Vielleicht entdeckst du dabei Seiten an dir, von denen du gar nicht wusstest, dass sie existieren. Bist du bereit, dein Denken auf den Kopf zu stellen?

Identifizierung kognitiver Verzerrungen

Wusstest du, dass das Erkennen kognitiver **Verzerrungen** der Schlüssel sein kann, um ständiges Grübeln zu stoppen? Die Sache ist: Wenn du weißt, wie diese Verzerrungen funktionieren, kannst du ein Muster im **Denken** erkennen und es durchbrechen – wie eine Art Gedankendetektiv im eigenen Kopf. Stell dir das mal vor: Statt dich von negativen Gedanken erdrücken zu lassen, könntest du sie kontrollieren und schließlich deinen Geist beruhigen.

Typische kognitive Verzerrungen begegnen dir täglich. Da hätten wir zum Beispiel die Schwarz-Weiß-Denkweise. Das bedeutet, Dinge als absolut gut oder schlecht zu sehen, ohne die grauen Zwischentöne wahrzunehmen. Echt belastend. Dann gibt's auch die Übergeneralisierung. Hierbei schließt du von einem einzigen Ereignis auf alle zukünftigen ähnlichen Ereignisse. Blöd, oder? Noch so eine gemeine Verzerrung ist das **Katastrophendenken**. Das bedeutet, stets das schlimmstmögliche Szenario anzunehmen. Oft sind solche Gedanken einfach nur Angstmacher und total irrational.

Wie beeinflussen diese kognitiven Verzerrungen eigentlich dein Denken? Sie lenken dich auf einen negativen Pfad und verstärken schlechte **Gefühle**. Wenn alles nur schwarz-weiß ist, wird das Leben ziemlich langweilig und enttäuschend. Und wenn du immer übergeneralisierst, beraubst du dich der Chance, positive

Erfahrungen zu machen. Das Katastrophendenken lässt dich in Ängsten leben, obwohl meist nichts passiert.

Aber keine Sorge, es gibt eine Technik zur Bekämpfung dieser Gedankenteufel – der "Verzerrungsdetektiv". Stell dir das Ganze vor wie ein **Spiel**. Der Gedanke kommt, und du schnappst dir eine virtuelle Lupe: Ist der Gedanke realistisch? Gibt es Beweise dafür? Genau, einfach mal hinterfragen. All diese Verzerrungen kannst du durchleuchten und erkennen, sobald du weißt, wie sie funktionieren. Sobald du das gemacht hast, gewinnst du die **Kontrolle** zurück.

Ein Beispiel: Du denkst, "Ich bin eine totale Niete, weil ich heute einen Fehler bei der Arbeit gemacht habe". Jetzt als Verzerrungsdetektiv: Schwarz-Weiß-Denken. Echt? Hast du wirklich *alles* versemmelt oder war es nur eine Kleinigkeit? Prompt siehst du klarer und die Verzerrung löst sich auf. Funk mal kurz den Gedankendetektiv an und lass ihn werken – das gibt deinem Hirn die nötige Ruhe.

Durch das Erkennen und Bekämpfen dieser Verzerrungen kannst du deine Gedanken in liebevollere, realistischere Bahnen lenken und das geistige **Chaos** eindämmen. Wenn du anfängst, deine Gedanken aufzuschreiben und auf Verzerrungen zu prüfen, wirst du ein Muster erkennen, das du durchbrechen kannst.

Zusammengefasst: Kognitive Verzerrungen zu identifizieren, ist eine großartige Hilfe, um aus dem Grübel-Strudel auszubrechen. Indem du typische Verzerrungen kennst und der Kraft des „Verzerrungsdetektivs" vertraust, gewinnst du Kontrolle und entlastest deinen **Kopf**.

Bist du bereit, dich als Gedankendetektiv zu versuchen? Es erwartet dich ein klareres, ruhigeres **Bewusstsein**!

Das ABC-Modell der Gedanken und Gefühle

Heute geht's um das ABC-Modell. Klingt vielleicht erst mal kompliziert, ist aber einfacher als du denkst. Dieses Modell hilft dir zu **verstehen**, wie Gedanken und Gefühle miteinander verbunden sind. Es gibt dir quasi eine Brille, durch die du deine Gedankengänge klarer siehst.

Stell dir mal vor, du stehst im **Stau**. Das ist unser auslösendes Ereignis, also das A. Du könntest jetzt denken, dass dieser Stau das Schlimmste überhaupt ist. Diese Überzeugung, unser B, führt dann zu einem Gefühl der Frustration oder vielleicht auch Ärger. Das ist die Konsequenz, also das C. Hier siehst du, das ABC-Modell hilft dir, zu analysieren, was in deinem Kopf passiert und warum du dich gerade so fühlst.

Aber warum ist das so wichtig? Na ja, es gibt dir eine Methode an die Hand zu verstehen, dass nicht das Ereignis selbst deine **Gefühle** verursacht, sondern deine Gedanken darüber. Dieser kleine Perspektivwechsel kann echt einiges ändern.

Wenn du weißt, wie das Zusammenspiel aus A, B und C funktioniert, kannst du bewusster reagieren. Angenommen, statt automatisch zu denken „Oh Mann, ich komme zu spät", könntest du deinen Gedanken ändern in „Jetzt hab' ich Zeit, meinen Lieblings-Podcast zu hören." Sofort verändert sich dein Gefühl. Du bist nicht mehr frustriert, sondern vielleicht sogar entspannt.

Kommen wir jetzt mal zu den Feinheiten des ABC-Modells. Beginnen wir mit A: dem auslösenden **Ereignis**. Dies ist einfach das, was passiert. Punkt. Das kann ein Streit mit einem Freund sein, ein verpasster Bus oder eine verregnete Hochzeit. Es ist wichtig zu verstehen, dass diese Ereignisse neutral sind. Es liegt an dir, welche Bedeutung du ihnen gibst.

Ein Auslöser alleine ist nicht schlecht oder gut, sondern passiert einfach. Denk mal daran, dass unterschiedliche Leute dasselbe Ereignis völlig unterschiedlich interpretieren können. Ein verpasster Bus könnte für jemanden eine Katastrophe sein, für jemand anderen aber die Chance, ein nettes Gespräch an der Haltestelle zu führen. Das bringt uns zu B.

Das B steht für **Überzeugung**. Hier kommt das Gedankenspiel ins Spiel. Deine Gedanken sind kleine Geschichten, die du dir selbst erzählst. Diese Geschichten sind nicht immer die Wahrheit, aber oft behandelst du sie so. Das kann dich ganz schön aus der Bahn werfen!

Verstehst du nun, warum das so wichtig ist? Wenn du deine Überzeugungen genau betrachtest, kannst du oft große Schritte machen. Du kannst dich fragen: Ist mein Gedanke realistisch? Gibt es Beweise dafür oder dagegen? Kann ich meinen Gedanken anders formulieren, um mich besser zu fühlen? Diese Fragen helfen dir, negative **Gedanken** zu ändern. Sie machen dir bewusst, dass du die Macht hast, deine Gefühle zu beeinflussen.

Zuletzt schauen wir uns das C genauer an, die **Konsequenz**. Wenn du an deinen Überzeugungen schraubst, ändert sich auch, wie du dich fühlst. Denken wir nochmal an den Stau. Fühlst du dich nicht automatisch besser, wenn du die Verzögerung als Gelegenheit siehst, Zeit für dich selbst zu finden?

Du siehst, das ABC-Modell ist mehr als nur Theorie. Es ist ein praktisches **Werkzeug**, das du jeden Tag anwenden kannst. Immer wenn du merkst, dass du anfängst zu überdenken, halte kurz inne. Was ist dein auslösendes Ereignis? Was sind deine Überzeugungen darüber? Und welche Konsequenzen hat das für deine Gefühle? Indem du deine Gedanken überprüfst und anpasst, kannst du deine Emotionen positiv beeinflussen.

Das ist doch schon ein großer Schritt. Das ABC-Modell hilft dir, aus der Gedankenspirale auszubrechen und bewusster zu leben.

Probier es einfach mal aus und du wirst sehen, wie schnell sich Dinge ändern können.

Evidenzbasiertes Hinterfragen von Gedanken

Mit dem **Sammeln** von Beweisen anzufangen ist eigentlich ziemlich simpel. Stell dir vor, du hast gerade einen übertriebenen Gedanken, der dich nie loslässt. Immer diese Gedanken im Kopf, die dich runterziehen. Was wäre, wenn du Beweise sammeln würdest, um die **Wahrheit** dieser Gedanken zu überprüfen? Könnte das vielleicht helfen? Absolut.

Erstmal brauchst du etwas Geduld und einen klaren Kopf. Schreib die übertriebenen Gedanken auf - sieh es wie eine Art Detektivarbeit. Und dann? Sammel alles, was diesen Gedanken oder genau das Gegenteil davon unterstützen könnte. Das wolltest du doch schon immer mal ausprobieren, oder? Überraschend einfach, wenn du erst mal angefangen hast. Punkt für Punkt kämmst du durch all deine Erlebnisse. Kleiner Aufschrieb hier, Querverweis da. Überlege, ob deine Sorgen wirklich eintreten könnten oder oft einfach nur heiße Luft sind.

Wenn du genauer hinsiehst, zeigt sich oft, dass die Dinge nicht ganz so schwarz-weiß sind, wie du denkst. Sobald du mit deinen Beweisen dastehst, kannst du klarer sehen – du schaffst eine Art Gegenpol zu deinem Gedankenwirrwarr. Und das ist nicht nur Theorie. Das **Durchleuchten** der Gedanken mit Beweisen nimmt ihnen die Macht, Stress und Angst zu erzeugen. Schön, wenn du dich mal irrlichtern siehst.

Dieses Sammeln allein reicht aber noch nicht. Hier kommt die objektive **Analyse** ins Spiel.

Du solltest dich fragen, warum die objektive Analyse so wichtig ist. Nehmen wir an, du bist mittendrin im Gedankenkreisen. Ohne einen objektiven Blick auf die Situation, sieht alles viel verworrener aus, nicht wahr? Genau da liegt der Trick: Ein objektiver Blick reduziert das Chaos dazwischen. Nimm dir etwas Zeit, die Dinge etwas sorgsamer zu betrachten. So wie ein Scanner ohne Filter alles anguckt.

Frag dich einfach: Was ist denn wirklich los – nicht was du glaubst, was passieren könnte? Versuche, wie ein Außenstehender das Ganze anzuschauen. Leicht gesagt, schwer getan, nicht wahr? Aber mit der Zeit wird's einfacher. Und was bringt's? Dass der Nebel sich lichtet – so wird die Panik weniger, der **Stress** kleiner.

Und doch gibt's noch etwas mehr da zu lernen: die Technik des „**Beweisprotokolls**".

Das Beweisprotokoll sorgt für Ordnung in den Gedanken. Jawohl. Versuch mal Folgendes: Nimm dir ein einfaches Notizbuch oder dein Smartphone und starte dein Protokoll. Schreib deine sukzessiven Gedanken auf, die da den ganzen Tag durch die Gegend fliegen und nagen. Und dann ist noch, was wichtig ist – hör kurz auf und sammel echte Beweise dafür oder dagegen.

Man glaubt kaum, wie hilfreich das sein kann. Beweis nach Beweis abgelegt und jede gedankliche Übertreibung ein bisschen auseinandergenommen. Am Ende hast du eine handfeste Sammlung. Und wenn's mal wieder heftig wird? Einfach draufgucken.

Und wie sollte das klappen? Ecke für Ecke explodierende Gedanken zum Halt bringen – durch strukturierte Notizen. Immer, wenn was losgeht, nimm dein Protokoll, sieh's an, und erinner dich dran: Du brauchst echt keine **Angst** haben. Seufzen erlaubt.

So, wenn du nun über Gedankensammlung, objektiven Check und das Beweisprotokoll nachdenkst – es läuft. All diese Techniken ergänzen sich wie die Zahnräder in einem simplen Uhrwerk. Ein

Zahn greift in den anderen und Zack – weniger unnötige Räder im Kopf. Das macht's schlicht und sauber. Was für ein innerer **Frieden**!

Ausgewogene Gedanken entwickeln

Okay, lass uns über das **Schwarz-Weiß-Denken** reden. Es kann echt ein Problem sein. Du kennst das sicher: Alles ist entweder super oder total schlecht, dazwischen gibt's nichts. Das Entwickeln von ausgewogenen Gedanken hilft dir, aus diesem Extremdenken rauszukommen. Du siehst dann die **Grautöne** und kannst Dinge viel besser einschätzen. Kein Grund zur Panik mehr, dass entweder alles perfekt laufen muss oder total schief geht.

Stell dir mal vor – wenn du in der Lage bist, die Mitte zu finden, wird's einfacher. Du erkennst, dass **Situationen** meist irgendwo dazwischen liegen. Du vermeidest Extreme. Und das ist wichtiger, als du vielleicht denkst. Ausgewogene Gedanken machen das Leben einfacher. Du bewertest Dinge fairer und realistischer und machst somit weniger Stress für dich.

Nehmen wir mal ein Beispiel: Dein Chef kritisiert deine Arbeit. Im Schwarz-Weiß-Denken heißt das dann gleich, du bist ein totaler Versager oder hast einen Super-Boss. Aber wenn du deine **Gedanken** ausbalancierst, siehst du, dass du vielleicht Fehler gemacht hast, aber auch viele Sachen richtig waren. Diese Perspektive ist gesünder und angenehmer.

Ja, es ist wie beim Sport. Du kannst ja auch nicht gleich der Beste sein. Du brauchst **Training**, um besser zu werden. Denken funktioniert ähnlich. Übung macht den Meister - aber diesmal mit dem Gehirn. Das bringt uns zum nächsten Punkt...

Stell dir vor, du lernst kognitive **Flexibilität**. Das ist, wenn du schnell und einfach zwischen verschiedenen Gedanken und

Perspektiven wechseln kannst. Wenn du zum Beispiel eine Situation betrachtest und sie ernst, lustig und tragisch siehst – alles gleichzeitig. Das hilft, weil du nicht auf einem negativen Gedanken feststeckst. Stattdessen kannst du hin- und herwechseln. Es gibt dir die Freiheit und Macht, anders zu denken. Klingt locker, oder?

Auch hier spart's Stress. Du bist nicht mehr der Gefangene einer Denkschleife. Vielleicht merkst du, dass das Ganze eine lustige Seite hat oder dass es nicht so schlimm ist, wie du dachtest. Bisschen Freiheit im Kopf und gleich fühlt es sich leichter an. Denken wird genauso wie ein Wechsel zwischen TV-Kanälen. Du entscheidest, wie lange du bei einem Gedanken bleibst.

Aber um wirklich gut darin zu werden, musst du üben – wie bei jedem Spiel. Anfangs vielleicht ein bisschen holprig, doch es wird eine Fähigkeit werden. Deswegen...

Die "sowohl-als-auch"-**Technik** ist hier Gold wert. Du siehst beide Seiten einer Situation – die guten und die schlechten. Du bewertest nicht zu einseitig. Das bringt Balance ins Denken. Ein Plauderbeispiel: Du hast einen erfolglosen Termin. Ja, das ist schade. Aber du konntest dabei auch neue Erfahrungen sammeln. Es ist ein bisschen von beiden: sowohl schlecht als auch gut. Bei der Anwendung dieser Technik breiten sich positive Gedanken aus.

Training dafür kann so aussehen: Wenn du eine Situation bewertest, versuche, mindestens einen Vor- und einen Nachteil zu finden. Schon hast du eine ausgewogene Sichtweise. Mit der Zeit wird's zur **Routine** und dein Denken bleibt in der Mitte – ausgewogen und klar. Dieser Trick macht echte Wunder!

Und das war's im Wesentlichen. Wenn du das anwenden kannst, wird dein Leben deutlich entspannter. Von Schwarz-Weiß-Denken zu ausbalancierten Gedanken – einfacher gesagt als getan, aber es lohnt sich total. Mal ehrlich, wer braucht schon den ganzen Stress quer durch Gedanken? Zeit, schlauer zu denken!

Praktische Übung: Gedankenprotokoll-Arbeitsblatt

Das Gedankenprotokoll-Arbeitsblatt ist eine **effektive Methode**, um dein Grübeln systematisch anzugehen. Zuerst solltest du eine **Situation** finden, die dein Grübeln ausgelöst hat. Stell dir vor: Ein stressiger Arbeitstag, ein Zoff mit einem Kumpel oder sogar nur ein blöder Spruch von jemandem. All diese Situationen können Grübeln auslösen.

Wenn du die Situation gefunden hast, ist der nächste Schritt ein Kinderspiel.

Jetzt geht's ans Eingemachte: Schreib die **automatischen Gedanken** auf, die dir durch den Kopf geschossen sind. Es geht darum, genau diese Gedanken zu identifizieren, die wie Blitze durch deine Birne zucken. Vielleicht denkst du, „Ich tauge nichts" oder „Alle finden mich doof." Einfach alles hinkritzeln, was dir spontan einfällt.

Weiter geht's mit den **Gefühlen**. Wie heftig waren die Emotionen, die diese Gedanken verursacht haben? Warst du down, stinksauer oder sogar schissig? Gib deinen Emotionen eine Zahl von 0 bis 10. Das hilft dir zu checken, wie sehr diese Gedanken deine Laune versauen.

Jetzt kommt der Clou: Erkenne die **kognitiven Verzerrungen**. Das sind diese fiesen kleinen Fallen, in die unser Hirn gerne tappt, wie z.B. Schwarz-Weiß-Denken oder Weltuntergangsstimmung. Erkenne sie und schreib sie auf. Das macht dir klar, wo du vielleicht zu krass mit dir selbst ins Gericht gehst.

Als Nächstes: Hinterfrage deine **Gedanken**. Hast du Beweise, die den Gedanken untermauern, oder welche, die ihn in Luft auflösen? Zum Beispiel, wenn du denkst, „Ich lasse immer alle hängen," kannst du dich daran erinnern, wie du aktiv hier bist und versuchst, den Kram zu ändern – ein Beweis gegen diesen Gedanken.

Jetzt wird's spannend: Entwickle einen **ausgewogenen, alternativen Gedanken**. Basierend auf den Beweisen suchst du nach einem neuen Gedanken, der sowohl die Sonnenseite als auch die Schattenseite sieht. Statt „Ich bin ein Versager," könntest du denken, „Ich hab zwar Mist gebaut, aber ich lerne daraus und werde besser."

Und zum Schluss: Bewerte die **Intensität** deiner Emotionen noch einmal, nachdem du die neuen, ausgewogenen Gedanken betrachtet hast. Wie fühlst du dich jetzt? Wieder auf einer Skala von 0 bis 10? Meistens werden die Gefühle weniger heftig sein, was den ganzen Prozess etwas entspannter macht.

Diese Schritte gehen Hand in Hand und helfen dir, die Kontrolle über dein Grübeln zurückzuerobern. Kein Zaubertrick, aber ein Weg zu einem chilligeren Kopf.

Abschließend

In diesem Kapitel hast du wichtige **Techniken** gelernt, um übermäßiges Grübeln in den Griff zu bekommen. Es gibt **Methoden** und Ansätze, um negative **Gedankenmuster** zu erkennen, zu verstehen und zu verändern. Mit diesen Werkzeugen kannst du deine **mentale Gesundheit** verbessern und dich wohler in deiner Haut fühlen.

Du hast gesehen, wie das Erkennen kognitiver Verzerrungen dir helfen kann, übermäßige **Gedankengänge** zu durchbrechen. Außerdem hast du die häufigsten Arten von kognitiven Verzerrungen kennengelernt und wie sie dein Denken beeinflussen. Die "Verzerrungsdetektiv"-**Technik** hilft dir dabei, irrationale Gedanken aufzuspüren. Das ABC-Modell ist super, um die

Beziehung zwischen Gedanken und Gefühlen zu analysieren. Und nicht zu vergessen: Eine objektive Analyse kann deine **Ängste** und Stress echt reduzieren.

Ich hoffe, du kannst diese Techniken anwenden, um dein Denken klarer und ausgeglichener zu gestalten. Denk dran, dass es Zeit und Übung braucht, aber deine Bemühungen werden sich auf jeden Fall lohnen. Viel Erfolg dabei, dein geistiges Wohlbefinden zu verbessern und deine Gedanken in eine positive Richtung zu lenken! Du schaffst das!

Kapitel 7: Strategien zur emotionalen Regulation

Hast du jemals das Gefühl gehabt, deine **Emotionen** spielen verrückt? Ich auch. Es kann echt überwältigend sein. Aber erinnere dich an die entspannende Kraft, wenn sich alles irgendwie fügt. Genau dieses **Gefühl** will ich dir in diesem Kapitel vermitteln.

Du wirst merken, ich bin kein Guru oder so - nur jemand mit ein paar **Tricks** im Ärmel. Stell dir vor, du könntest jede noch so nervige **Stimmung** meistern, ohne den Verstand zu verlieren. Klingt toll, oder?

Dieses Kapitel nimmt dich mit auf eine **Reise** durch das Dickicht deiner Gefühle. Glaub mir, am Ende wirst du dich wie ein neuer Mensch fühlen – bereit, dem alltäglichen **Chaos** mit einer **Gelassenheit** zu begegnen, von der du nicht einmal gewusst hast, dass du sie in dir hast. Bist du **bereit**? Dann lass uns loslegen!

Emotionale Intelligenz verstehen

Du hast bestimmt schon mal gehört, dass emotionale **Intelligenz** dir hilft, deine Gefühle besser zu regulieren. Klingt gut, oder? Aber wie funktioniert das genau?

Emotionale Intelligenz, auch EQ genannt, besteht aus vier Hauptkomponenten: Selbstwahrnehmung, Selbstmanagement, soziale Wahrnehmung und Beziehungsmanagement. Jede davon spielt eine wichtige Rolle beim **Überdenken**.

Fangen wir mit der Selbstwahrnehmung an – das ist einfach das Erkennen und Verstehen deiner eigenen **Gefühle**. Wenn du weißt, was du fühlst und warum, fällt es dir leichter, das Überdenken zu stoppen. Du lernst, deine Emotionen zu benennen und ihre Ursachen zu verstehen. So merkst du zum Beispiel, dass Ärger oft nur versteckte Angst oder Unsicherheit ist. Das hilft dir, klarer zu denken und gelassener zu handeln.

Beim Selbstmanagement geht's darum, wie du deine Emotionen und Impulse kontrollierst. Du bist deinen Gefühlen nicht hilflos ausgeliefert! Lern Techniken wie tiefes Atmen oder kurze Pausen, um dich zu beruhigen und überlegte Entscheidungen zu treffen, anstatt impulsiv zu reagieren.

Die soziale **Wahrnehmung** ist deine Fähigkeit, die Gefühle anderer zu verstehen. Mit Empathie kannst du besser einschätzen, warum Menschen so handeln, wie sie es tun. Das hilft enorm, denn viele Zweifel entstehen oft aus Missverständnissen. Sobald du besser verstehst, was in den Köpfen anderer vorgeht, hörst du auf, ständig alles zu überdenken.

Beim Beziehungsmanagement geht's um den Aufbau und die Pflege gesunder **Beziehungen**. Dazu gehören gute Kommunikation, Konfliktmanagement und Teamfähigkeit. Mit starken, positiven Beziehungen sinkt dein Stresslevel, und du grübelst weniger. Gute zwischenmenschliche Fähigkeiten machen echt 'nen Unterschied!

Aber wie kannst du diese Fähigkeiten messen und verbessern? Da kommt das Emotionsrad ins Spiel. Stell dir ein Rad vor, das mit vielen verschiedenen **Emotionen** gefüllt ist – von "glücklich" über "aufgeregt" bis "traurig" oder "wütend". Ein größerer Gefühlswortschatz hilft dir, deine Emotionen genauer zu beschreiben. Wenn du weißt, ob du "genervt", "sauer" oder "frustriert" bist, kannst du gezielter damit umgehen.

Hier ein Beispiel: Du fühlst dich nach einem Gespräch mit deinem Chef unwohl. Überleg mal, wo auf dem Emotionsrad dieses Gefühl liegt. Vielleicht bist du nicht nur "gestresst", sondern "enttäuscht", "überfordert" oder "besorgt". Das sind die Feinheiten, die das Emotionsrad aufzeigt.

Das hilft echt krass. Ein genaueres Verständnis deiner Emotionen bedeutet weniger Verwirrung – und weniger **Grübelei**. Es ist einfach leichter, einen klaren Kopf zu behalten, wenn du deine Gefühle einordnen und benennen kannst. So fühlst du dich deinem inneren Chaos weniger ausgeliefert.

So baut sich das Ganze auf: Emotionale Intelligenz durch bessere Selbstwahrnehmung, Selbstmanagement, soziale Wahrnehmung und Beziehungsmanagement. Dann mit dem Emotionsrad deine Gefühle genauer wahrnehmen. Plötzlich ist das große, chaotische **Gedankenkarussell** gar nicht mehr so überfordernd.

Alles hängt irgendwie zusammen, oder? Du siehst, es geht nicht nur darum, nicht zu viel zu denken, sondern auch darum, mit dir selbst und anderen besser klarzukommen. Diese Strategien helfen dir, in allen Bereichen deines Lebens ruhiger und klarer zu bleiben. Echt cool, wie das alles ineinandergreift!

Emotionen erkennen und benennen

Manchmal hast du das **Gefühl**, dass deine Emotionen dich überrollen? Es ist, als ob du in einem Sturm ohne Windschutz gefangen bist, oder? Genaues Erkennen von Emotionen kann echt helfen, sie zu entmystifizieren und ihre überwältigende Wirkung zu mindern. Es ist erstaunlich, wie viel Klarheit du bekommst, wenn du einfach weißt, was du fühlst. Du kannst sagen: "Okay, das ist **Angst**" oder "Ich bin gerade super nervös."

Stell dir vor, du hast gerade ein großes **Projekt** und bist total gestresst. Wenn du erkennst, dass das Gefühl Wut oder Frustration ist, kannst du viel konstruktiver damit umgehen, als wenn du nur einen diffusen Stress erlebst. Mit ein wenig Übung ist es, als ob du einen internen Emotionskompass hättest, der dir zeigt, wo du dich gerade befindest.

Du fragst dich vielleicht: "Wie genau hilft mir das beim **Stressabbau**?" Tja, Studien haben gezeigt, dass das Benennen von Emotionen den präfrontalen Kortex aktiviert – das Hirnareal, das für logisches Denken und Planung zuständig ist – und gleichzeitig die Aktivität in der Amygdala reduziert, welche unsere Angst- und Stressreaktionen steuert. Faszinierend, oder? Dieser simple Akt des Benennens kann also buchstäblich dein **Gehirn** neu verdrahten und dir helfen, stressige Situationen ruhiger anzugehen.

Apropos Situationen ruhig angehen, hast du schon mal von der „Body Scan" **Technik** gehört? Diese Methode hilft dir, körperliche Empfindungen mit deinen Emotionen zu verbinden.

Stell dir vor: Du sitzt still und wanderst gedanklich durch deinen **Körper**, von der Kopfspitze bis zu den Zehen. Spürst du irgendwo eine Verspannung? Vielleicht ein Ziehen im Nacken oder ein Kribbeln im Bauch? All das sind Signale deines Körpers, die dir Hinweise auf deine emotionalen Zustände geben können.

Durch diese Technik lernst du besser, wie dein Körper auf bestimmte Emotionen reagiert. Zum Beispiel könntest du feststellen, dass dein Herz schneller schlägt, wenn du ängstlich bist, oder dass deine Schultern sich verkrampfen, wenn du wütend bist. Wenn du diese Signale erkennst, kannst du anfangen, präziser zu benennen, was du fühlst. Und das Beste daran: Je mehr du diese "Body Scan"-Technik übst, desto intuitiver wird es, bis es beinahe zur zweiten Natur wird.

Ist es nicht faszinierend, wie einfach diese Schritte sein können? Das Erkennen und Benennen von **Emotionen** und das Verbinden dieser mit körperlichen Empfindungen kann dir wirklich helfen, deine emotionalen Reaktionen besser zu managen. Und nur durch das bewusste Tun schaffst du es, wieder die **Kontrolle** über deine emotionalen Stürme zu erlangen. Wade in klarere Gewässer!

Effektiver emotionaler Ausdruck

Gesunde emotionale **Ausdrucksweise** kann wahre Wunder bewirken, wenn es darum geht, das Überdenken und Grübeln zu verhindern. Überdenken entsteht oft, weil du deine **Gefühle** unterdrückst und nicht klar ausdrückst. Wenn du lernst, deine Emotionen auf gesunde Weise zu zeigen, kannst du diesen Gedankenspiralen entkommen. Es geht darum, den Schmerz und die **Herausforderungen** nicht in dich hineinzufressen, sondern sie offen zu äußern.

Also, wie sieht gesunder emotionaler Ausdruck aus? Zum einen kannst du dir erlauben, deine Gefühle zu spüren und ihnen Raum zu geben. Das mag erst mal ungewohnt sein, aber es ist der erste Schritt zu einer klareren, befreiteren Denkweise. Es bedeutet, zu akzeptieren, dass alle **Emotionen** - die guten und die schlechten - Teil von dir sind und es verdient haben, ernst genommen zu werden. Statt dich vor ihnen zu verstecken, solltest du sie als nützliche Hinweise sehen, die dir helfen, mehr über dich selbst zu erfahren.

Im Gegensatz dazu steht die **Unterdrückung** der Gefühle. Also, was unterscheidet Unterdrückung von gesunder emotionaler Verarbeitung? Beim Unterdrücken von Emotionen tust du so, als wären sie nicht da. Du sprichst nicht darüber, du tust sie als unwichtig ab. Kurzfristig mag das funktionieren, aber langfristig führt das oft zu noch mehr Stress und Gedankenschleifen. Dieses innere Versteckspiel kann deine emotionale und geistige Gesundheit stark belasten.

Gesunde emotionale **Verarbeitung** ist genau das Gegenteil. Hier erlaubst du es dir, deine Gefühle anzuerkennen und mit ihnen umzugehen. Das kann bedeuten, mit Freunden darüber zu quatschen oder Tagebuch zu schreiben. Manche finden auch kreative Wege wie Malen oder Musikmachen hilfreich. Der Schlüssel ist, einen Weg zu finden, der sich für dich richtig anfühlt, und diesen regelmäßig zu gehen.

Und jetzt zu etwas, das wirklich nützlich ist: Die "Ich-Botschaft"-Technik. Sie hilft dir, deine Emotionen klar und selbstbewusst zu **kommunizieren**. Stell dir vor, du hast ein Problem mit einer anderen Person. Statt zu sagen, "Du machst immer das und das falsch," könntest du eine "Ich-Botschaft" senden. Zum Beispiel: "Ich fühle mich verletzt, wenn du das tust." Das klingt vielleicht simpel, aber es bewirkt Wunder! Es geht darum, die Verantwortung für die eigenen Gefühle zu übernehmen und sie nicht der anderen Person anzulasten. So vermeidest du Missverständnisse und Spannungen.

„Ich-Botschaften" helfen dir, deine Emotionen klarer und direkter auszudrücken, ohne dabei anzugreifen. Sie lassen dich weniger defensiv wirken und öffnen oft die Tür zu einem echten **Dialog**. So sparst du dir nicht nur künftigen Ärger, sondern kannst bestehende Konflikte auch viel leichter lösen.

Also, lass uns das alles mal zusammenfassen. Gesunde emotionale Ausdrucksweise hilft dir, das Grübeln zu stoppen und klareren Kopf zu behalten. Der Unterschied zwischen Unterdrückung und gesunder Verarbeitung zeigt, dass es wichtig ist, Gefühle zuzulassen und mit ihnen zu arbeiten. Und mit der "Ich-Botschaft"-Technik lernst du, besser und klarer zu kommunizieren. Starr nicht nur auf deine Gefühle, lass sie raus und mach was draus!

Die Technik der entgegengesetzten Handlung

Ein starkes Mittel, um die **Intensität** von Gefühlen zu reduzieren. Wenn du das Gefühl hast, fast außer Kontrolle zu sein – sei es **Wut**,

Angst oder Traurigkeit – kann es helfen, bewusst das Gegenteil dessen zu tun, was du normalerweise tun würdest. Zum Beispiel könntest du, wenn du sauer bist, statt zu schreien, ruhig reden. Einfach, oder?

Stell dir mal vor, du fühlst dich super traurig und willst dich in deinem Zimmer verkriechen. Stattdessen könntest du rausgehen, dich unter Leute mischen und lachen. Das wirkt wie ein Zauber! Die entgegengesetzte **Handlung** bringt dich aus deinem Gefühlsloch raus. Super hilfreich gegen Überdenken. Macht doch Sinn, oder?

Überlegen wir uns mal, warum das funktioniert. Es geht um Verhaltensaktivierung – klingt kompliziert, ist aber simpel. Das bedeutet einfach, in eine aktive Handlung zu treten, um damit deine **Emotionen** zu regulieren. Wenn du deine Handlung änderst, ändert sich oft auch deine Stimmung.

Aber warum passiert das? Unser **Gehirn** ist so programmiert, dass es auf unsere Aktionen reagiert. Wenn du lächelst, selbst wenn du dich nicht nach Lächeln fühlst, fängt dein Gehirn an, diesen kleinen Glücksrausch zu spüren. Ähnlich arbeitet die Technik der entgegengesetzten Handlung. Dein Macher-Gehirn hilft deinem Fühl-Gehirn. Klug, oder?

Lass uns mal gucken, wie das bei verschiedenen emotionalen Zuständen funktioniert. Zuerst nehmen wir uns die Wut vor, okay? Du hast einen richtig miesen Tag und willst am liebsten alles kurz und klein schlagen. Jetzt entgegengesetzte Handlung aktivieren: tief einatmen, lauwarmes Wasser trinken, vielleicht ein ruhiges Gespräch führen. Fühlt sich erst komisch an, doch gibt's dir 'ne Chance runterzukommen.

Wie ist es, wenn du ängstlich bist? Das würde dich normalerweise dazu bringen, dich zurückzuziehen oder zu flüchten. Stattdessen könntest du bleiben und tief durchatmen, bewusst aufrecht stehen, eventuell ein kurzes Gespräch mit jemandem führen. Angst schmilzt dahin.

Dank dieser **Technik** bist du flexibel und hast die Kontrolle zurück. Für Traurigkeit kann's auch Wunder wirken. Hast du den Drang, im Bett zu bleiben? Stell dich auf die Füße, öffne die Fenster, geh spazieren. Saug' die frische Luft ein. Positives Handeln zieht die Gefühle mit nach. Wie Magie.

Wut, Angst, Traurigkeit – alle emotionalen Wirren lassen sich besser handhaben, wenn du das Gegenteil machst von dem, was die Emotion dir sagen will. Fang mit kleinen Schritten an und schau, wie's läuft. Erinnere dich daran, es ist wie Selbstgespräche führen. Bevor du reagierst, halt kurz inne und frag dich: "Was ist das Gegenteil?"

Um das zusammenzufassen, halte dir zwei Dinge im Hinterkopf: Erstens, ungesunden Reaktionen entgegentreten. Zweitens, kleine, positive Aktionen helfen, neue **Muster** zu setzen. Ein starker Hebel gegen diese unangenehmen Hirngespinste.

Leicht zu verstehen, oder? So bist du bereit, die Technik demnächst auszuprobieren!

Praktische Übung: Werkzeugkasten zur Emotionsregulation

Lass uns gemeinsam deinen **Werkzeugkasten** zur Emotionsregulation gestalten. Es ist echt hilfreich! Fang damit an, eine Liste deiner häufigsten intensiven **Emotionen** zu erstellen. Denk mal nach: Was lässt dein Herz rasen oder deine Hände zittern? Angst, **Wut**, Traurigkeit? Schreib einfach alles auf, was dir in den Sinn kommt.

Jetzt geht's weiter zum nächsten Schritt. Finde für jede Emotion eine körperliche **Erdungstechnik**. Bei Angst könnte tiefes Atmen helfen. Probier's mal aus: Atme langsam ein und aus. Oder bei Wut – vielleicht hilft es dir, deine Fäuste zu ballen und wieder zu entspannen. Find raus, was bei dir am besten wirkt.

Sobald du das im Griff hast, entwickle für jede dieser Emotionen eine positive **Selbstgesprächsaussage**. Kleiner Tipp: „Ich bin okay" oder „Ich schaffe das" können Wunder bewirken. Bei Traurigkeit könntest du dir sagen: „Ich darf traurig sein, aber es geht vorbei." Und bei Wut: „Ich bleibe ruhig und hab alles unter Kontrolle." Schreib das für jede deiner Emotionen auf.

Zeit für den nächsten Schritt. Such dir eine gesunde **Ausdrucksmethode** für jede Emotion. Tagebuchschreiben bei Traurigkeit kann echt gut tun. Einfach alles rauslassen, was dir durch den Kopf geht. Bei Wut könnte Malen oder Kneten helfen – irgendwas Kreatives, das dich von der Emotion befreit. Find raus, was dich beruhigt und dir hilft, deine Gefühle zu verarbeiten.

Fast geschafft! Jetzt identifizierst du eine gegensätzliche **Handlung** für jede Emotion. Beispiel: Wenn du dich niedergeschlagen und zurückgezogen fühlst, versuch mal, Kontakt aufzunehmen. Ein kurzer Anruf oder 'n Kaffee mit 'nem Kumpel kann echt Wunder wirken. Muss nix Großes sein, Hauptsache, es holt dich aus dem Gefühlsloch raus.

Dein Werkzeugkasten wächst, super! Jetzt kommt der wichtige Teil: Übe täglich mit deinem **Werkzeugkasten**. Schreib auf, welche Strategien am besten für dich funktionieren. Vielleicht hilft dir tiefes Atmen bei Angst jedes Mal, oder Singen bei Wut. Find raus, was wirklich effektiv ist und was nicht.

Zum Schluss: Überprüf deinen Werkzeugkasten jede Woche und verfeinere ihn basierend auf deinen **Erfahrungen**. Hat was nicht so gut geklappt? Probier was Neues aus. War was besonders hilfreich? Behalte es bei und notier dir, warum es so gut funktioniert hat. Dein Werkzeugkasten entwickelt sich ständig weiter und wird immer effektiver.

Mach dir keinen Stress, geh die Sache in deinem Tempo an. Bald wirst du merken, dass du deine Emotionen viel besser im Griff hast. Einfach dranbleiben und ausprobieren – du packst das!

Zum Schluss

In diesem Kapitel hast du **wertvolle Strategien** zur emotionalen Regulation kennengelernt. Diese helfen dir nicht nur dabei, deine eigenen **Emotionen** besser zu verstehen, sondern auch, sie auf gesunde Weise zu verarbeiten und Ausdruck zu verleihen. Mit diesen **Techniken** kannst du lernen, negative Gedanken zu reduzieren und einen klaren Kopf zu behalten.

Du hast gesehen, wie emotionale **Intelligenz** zu besserer emotionaler Regulation beiträgt. Die vier Komponenten der emotionalen Intelligenz und ihre Rolle beim Überdenken wurden dir nähergebracht. Du hast gelernt, das "Emotionen-Rad" zur Erweiterung deines emotionalen **Wortschatzes** einzusetzen und wie du mit der "Körper-Scan"-Technik Emotionen besser erkennen und benennen kannst. Außerdem wurde dir der Unterschied zwischen Unterdrückung und gesundem emotionalen **Ausdruck** verdeutlicht.

Es ist möglich, deine neu erworbenen **Fähigkeiten** im Alltag anzuwenden, um eine positive Veränderung zu erzielen. Indem du die genannten Techniken übst und regelmäßig anwendest, kannst du emotionale Herausforderungen besser meistern und auf ein ausgeglicheneres Leben hinarbeiten. Nutze das **Wissen** aus diesem Kapitel und erlebe, wie sich dein emotionales Wohlbefinden verbessern kann. Trau dich, deine Gefühle zu erforschen und lass dich von den positiven Veränderungen überraschen. Los geht's!

Kapitel 8: Zeitmanagement für Grübler

Fühlst du dich oft, als würde dein **Kopf** vor lauter Gedanken überquellen? Ich kenne das nur zu gut. Schließlich habe ich auch oft in der Vergangenheit gesessen, den Kaffee in der Hand, und überlegt, wie ich meinen Tag besser nutzen kann. Aber lass uns ehrlich sein — **Grübeln** stiehlt uns die Zeit.

Also, was wäre, wenn du endlich Wege findest, deine endlosen **Gedanken** zu bändigen? In diesem Kapitel zeige ich dir Techniken, die dir helfen können, **Ordnung** in dein Chaos zu bringen und deine **Produktivität** zu steigern. Stell dir vor, du könntest klare Prioritäten setzen und fokussiert arbeiten, ohne ständig vom Grübeln abgelenkt zu werden. Klingt gut, oder? Du wirst dich durch bewährte Methoden und **Strategien** kämpfen, die den Kopf freier machen.

Das Pomodoro-System und Zeit-Blocking-Strategien sind wie Treppenstufen zu mehr **Effizienz**. Und dann gibt's noch Eisenhowers Methode und eine praktische Übung, die dich dein ganz persönliches **Produktivitätsprogramm** erstellen lässt. Bist du bereit für einen frischen Blick auf deine Zeit? Dann lass uns loslegen!

Priorisierungstechniken

Hast du das Gefühl, dass dein Kopf ständig überläuft vor lauter **Entscheidungen**? Du bist nicht allein. Durch effektive **Priorisierung** kann dieses Chaos reduziert werden. Entscheidungsmüdigkeit – das ist, wenn dein Gehirn erschöpft ist von all den vielen Entscheidungen, die du jeden Tag treffen musst. Dies führt oft zu Überdenken. Wenn du deine Aufgaben clever priorisierst, ersparst du dir viele solcher Kleinigkeiten.

Durch klare Prioritäten nimmst du deinem **Gehirn** praktisch eine Last ab. Weniger **Stress**, weniger Durcheinander und weniger als eine Million Dinge, über die du grübeln musst. Es ist diese einfache Entscheidung, welche Aufgabe zuerst erledigt werden muss, die einen großen Einfluss auf dein Wohlbefinden haben kann. Der Geist wird klarer, die Gedanken fließen entspannter. Stress hat dann weniger Angriffsfläche.

Nun, eine Technik für die Priorisierung, die besonders effektiv ist, ist die **Eisenhower-Matrix**. Klingt kompliziert, ist es aber nicht. Lass mich dir zeigen, wie's geht:

Die Eisenhower-Matrix hilft dir, deine Aufgaben nach ihrer Wichtigkeit und Dringlichkeit zu kategorisieren. Schau mal:

• Wichtig und dringend: Sofort erledigen.

• Wichtig, aber nicht dringend: Einplanen und terminieren.

• Nicht wichtig, aber dringend: Delegieren, falls möglich.

• Weder wichtig noch dringend: Lass es einfach liegen oder ignoriere es.

Stell dir das wie ein Raster vor, in das du deine **Aufgaben** einsortierst. Auf diese Weise behältst du immer den Überblick und stresst dich nicht unnötig.

Indem du dieses System anwendest, bringst du Struktur in deinen **Alltag**. Es werden nicht nur wichtige Aufgaben erledigt, sondern du gewinnst auch mehr Zeit und Energie, die du dann sinnvoll nutzen kannst. So simpel, aber so wirkungsvoll.

Klare Prioritäten ermöglichen es dir, bewusste Entscheidungen zu treffen, die weniger drückend sind. Du kennst das sicher: Alles mal eben schnell zu erledigen, führt oft zu mehr Stress. Mit der Eisenhower-Matrix weißt du hingegen genau, welche Aufgaben Priorität haben und welche warten können. Deine Entscheidungskraft bleibt stark, dein Geist ruhig. Dieses innere Durcheinander reduziert sich und du findest mehr und mehr innere Ruhe.

Ein Beispiel: Du hast eine wichtige Präsentation fertigzustellen und gleichzeitig ploppt ständig dein Handy mit unwichtigen Nachrichten auf. Hier trennt sich die Spreu vom Weizen. Die Präsentation ist wichtig und dringend, also legst du das Smartphone zur Seite und konzentrierst dich auf das Wesentliche.

Und so gehst du Schritt für Schritt weiter, gut strukturiert und weniger überfordert. Es ist, als ob du deinem Gehirn sagst: „Alles klar, das hab ich unter Kontrolle."

Versuch mal selbst, diese einfachen Schritte umzusetzen. Du wirst merken, dass du weniger grübelst und generell entspannter durchs Leben gehst. Mit klaren Prioritäten bist du dem Überdenken einen großen Schritt voraus – und hast mehr Zeit, die wichtigen und schönen Dinge des Lebens zu genießen.

Die Pomodoro-Technik

Hast du schon mal von der **Pomodoro-Technik** gehört? Klingt kompliziert, ist es aber gar nicht. Mit dieser Methode **arbeitest** du in kurzen, klaren Intervallen. Du kannst dich besser **fokussieren** und senkst das Risiko, ständig alles zu überdenken.

Warum sind strukturierte Arbeitsintervalle so gut? Ganz einfach: Deine **Aufgaben** werden überschaubarer. Du arbeitest konzentriert für 25 Minuten – das sind Pomodoros. Danach gönnst du dir eine Pause. Dein Kopf hat feste **Zeitfenster** für intensive Arbeit und Erholung. Das hilft dir, gedanklich nicht ständig abzuschweifen oder alles in Frage zu stellen.

Der Schlüssel liegt im Rhythmus dieser kurzen Blöcke. Nach vier Pomodoros machst du eine längere **Pause**. Dein Gehirn gewöhnt sich ans straffe Arbeiten und kurze Pausen, wodurch weniger Platz für überflüssige Gedanken bleibt. Es fühlt sich an, als ob du in einen Flow kommst – sogar ohne ständigen Entscheidungsstress.

Wie wirkt sich das auf deine psychische Verfassung aus? Ziemlich gut, tatsächlich. Regelmäßige Pausen geben dir nicht nur Zeit, wieder zu Kräften zu kommen. Sie verbessern auch deine geistige Klarheit. Du wirst überrascht sein, wie viel frischer und klarer dein Kopf nach einer kurzen Auszeit ist. Mal ein Schritt zur Seite – tief durchatmen – und die Welt sieht gleich weniger chaotisch aus.

Man könnte sagen, die Pausen sind klein, aber fein. Sie verhindern **Überlastung** und geben deinem Kopf die nötige Puste. Dadurch fühlst du dich weniger überwältigt und kannst mit vollem Elan die nächste Pomodoro-Runde angehen.

Also, wie funktioniert die Pomodoro-Technik konkret? Na, das ist der einfache Part:

• Stell dir ein Ziel: Eine Aufgabe, die du erledigen willst.

• Timer auf 25 Minuten stellen. Arbeite fokussiert.

• Klingelt der Timer, mach eine 5-minütige Pause.

• Nach vier solcher Pomodoros: Eine längere Pause – ca. 30 Minuten.

So hältst du die Balance zwischen konzentriertem Arbeiten und nötiger Erholung. Oh, und wenn dir spontan was Neues in den Kopf kommt? Schreib es auf einen Zettel und kümmer dich später drum. So bleibt der aktuelle Aufgaben-Fokus ungestört.

Wenn du feststellst, dass sich **Gedankenkarusselle** verlangsamen und klarer werden, ist das ein guter Indikator, dass die Technik funktioniert. Es geht eben darum, die Balance in deinem Kopf zu finden – und zu halten.

Wichtiger noch: Du spannst aktiv deinen Geist an. Das wertvolle Gefühl, Kontrolle über deine Arbeit und zeitgleich über deine Gedanken zu haben, ist fast wie eine Lastbefreiung. Du lernst, besser zu priorisieren und nicht jede Kleinigkeit sofort unnötig aufzublasen.

Mit diesen einfachen Schritten reduzierst du nicht nur **Stress** – du steigerst auch deine Produktivität nachhaltig. Ohne reißende Panik im Nacken. Versuch's doch mal, du wirst sehen, wie sich strukturiertes Arbeiten positiv auf deinen Kopf auswirkt.

Zeitblock-Strategien

Hast du schon mal das Gefühl gehabt, dass der Tag dir einfach aus den Händen gleitet? Du wachst auf, hast das Beste vor – aber nochmal blinzeln und plötzlich ist es schon wieder Koch-Zeit? **Zeitblockierung** kann dir hier wirklich helfen. Es gibt dir ein Gefühl von **Kontrolle** zurück. Welche Aktivität als nächste kommt, musst du nämlich nicht jedes Mal neu entscheiden.

Lass uns ehrlich sein. Dauernd zu überlegen, was als nächstes dran ist, kostet viel **Energie**. Ne Entscheidung nach der anderen. Damit nervst du nicht nur dich selbst, sondern stresst dich auch unnötig. Mit Zeitblöcken kannst du dem Chaos **Struktur** geben. Statt hin und her zu hüpfen und immer wieder neue Entscheidungen zu treffen, planst du einfach vorher fest ein, wann du bestimmte Sachen machst. Das reduziert den Kopfstress erheblich.

Okay, wie machst du das genau? Sag morgens beim Aufstehen "Von 9 bis 11 schreibe ich E-Mails" oder "zwischen 2 und 4 mache ich Sport." Dadurch sparst du nicht nur Zeit, sondern auch diese mentalen Ressourcen, die du besser für echt wichtige Entscheidungen aufsparst. Man nennt diese Technik auch „Einschränkungsregel".

Aber das ist noch nicht alles. Es gibt noch einen coolen Trick namens "**Deep Work**". Weißt du, was das ist? Dabei geht es darum, eine Stunde oder so taktisch für richtig intensive Aufgaben einzuplanen. Du weißt schon, die Sachen, bei denen absolute **Konzentration** gefragt ist. Kein Social Media, keine Mails – nur du und deine Aufgabe.

Deep Work schützt dich vor vielen kleinen Ablenkungen und hilft dir, Ergebnisse zu liefern, anstatt hin und her gedanklich festzuhängen. Im Prinzip unterbrichst du deine "Überdenk-Muster-Kette". Also, plan' zum Beispiel von 10 bis 12 Uhr 'ne Deep Work Session ein und schau mal, welche krassen Fortschritte du machst.

Jetzt der Übergang zu unserem letzten Punkt: Wie strukturierst du einen ganzen Tag mit Zeitblockierung? Klingt vielleicht super nach Arbeit, aber glaub mir, es ist gar nicht so schlimm. Also, denk dran: ein besserer **Zeitplan**, aber genial und einfach möglich gestaltet.

Es gibt nützliche Tipps, um einen Tagesplan aufzubauen. Beginne mit den großen Aufgaben des Tages und dann arbeitest du dich runter zu kleineren Punkten. Vielleicht kümmerst du dich morgen zwei Stunden um ein großes Projekt. Dann gönnst du dir eine Pause – wichtig! Danach machst du kleine, nervige Dinge wie Mails beantworten oder Meetings abhalten. Am Nachmittag reservierst du dir wieder eine "Deep Work" Zeit, diesmal vielleicht für andere Projekte oder Selfcare.

Verschiebe nichts. Bleib am Plan und sieh, wie effektiv dein Tag wird. Ideal ist es auch, Zeiten für spontane Dinge offenzuhalten. Die Technik lässt dir Puffer im Kalender, die dir **Freiheit** geben, spontan auf ungeplante Dinge zu reagieren – ganz ohne die Panik.

Mach diese Strategien zu einem Teil deiner täglichen Routine und du wirst erstaunt sein, wie viel einfacher und entlastender sich dein Alltag gestalten lässt. Spür den Unterschied und genieß das Mehr an Klarheit und Ruhe!

Eisenhowers Methode

Überdenken ist eine echte Plage, stimmts? Es fühlt sich oft so an, als wären deine Gedanken endlose Schleifen, in denen du alles immer wieder durchkaust. Wusstest du, dass das Unterscheiden zwischen **dringenden** und **wichtigen** Aufgaben helfen kann, diesen Teufelskreis zu durchbrechen? Das Eisenhower-Prinzip zeigt dir genau, wie das geht. Es ist 'ne Methode, um deine Aufgaben zu priorisieren und Ruhe in das Chaos deiner Gedanken zu bringen.

Also, es gibt dringende Aufgaben. Dinge, die sofort erledigt werden müssen. Und es gibt wichtige Aufgaben. Sachen, die langfristig deiner Karriere, deinen Zielen oder deiner Gesundheit zugutekommen. Die Kunst liegt darin, den Unterschied zu erkennen und danach zu handeln. Indem du dich auf das Wesentliche konzentrierst, kannst du überflüssigen Stress und diese bösen Spiralen im Kopf vermeiden. Das Eisenhower-Prinzip hilft genau dabei.

Stell dir eine **Matrize** vor – eine simple Tabelle, die in vier Quadranten aufgeteilt ist. In jedem Quadranten landen verschiedene Arten von Aufgaben, und so musst du klar entscheiden, was du tatsächlich wann tun musst.

• Quadrant eins: dringende und wichtige Aufgaben. Das sind Tasks wie Deadlines oder medizinische Notfälle. Die musst du schnell angehen. Deine Aufmerksamkeit sofort drauf.

• Quadrant zwei: nicht dringende, aber wichtige Sachen. Das sind Dinge wie langfristige Projekte oder Selbstpflege. Die solltest du zwar nicht sofort starten, aber sie sind essenziell für langfristigen Erfolg und Zufriedenheit. Hier liegt oft das größte Verbesserungspotenzial für dein Leben.

• Quadrant drei: dringende, aber unwichtige Aufgaben. E-Mails, Telefonanrufe, täglicher Kleinkram. Vielleicht fühlen sie sich pressierend an, aber sie bringen dich nicht wirklich voran. Lieber delegieren oder minimalen Aufwand darauf verwenden.

• Quadrant vier: weder dringend noch wichtig. Social Media Scrollen, nutzloses Zeug. Sachen, die dir nur Zeit stehlen. Am besten komplett ignorieren oder nur in Zeiten größerer Langeweile darauf zurückgreifen.

Und wie wendest du das Eisenhower-Prinzip im **Alltag** an? Stell dir das als Wegweiser vor, der dich leitet. Mache eine Liste deiner Aufgaben und ordne jede in einen dieser Quadranten ein. Das bringt Klarheit und Beinfreiheit in deinen Kopf. Du priorisierst und siehst klarer, was wirklich zählt.

Wenn du deine Aufgaben mit dem Eisenhower-Raster kategorisiert hast, wird das Chaos im Kopf schon weniger. Mache dies zur **Routine** – alles, was neu hinzukommt, sofort quadrat-gemäß einordnen. Es wird zu deiner zweiten Natur, und Überdenken hat keine Chance mehr.

Dein Leben wird eh nicht weniger hektisch, aber durch die Einteilung dieser Schritte weißt du genau, wo der **Fokus** liegt. Und genau da ist der Knackpunkt und das Ziel. Einfach anfangen. Es braucht keine Ewigkeit und keine Absicht, um Strategien für neue Aufgaben zu erlernen, quasi täglich ins Tägliche einfügen und dranbleiben.

Indem du diesen vier Quadranten-Fokus nutzt, verlangsamt sich das Ticken der Zeit in deinem Kopf. Dieses mentale Schach hilft dir nicht nur dabei, Aufgaben zu priorisieren, sondern auch dein **Self-Management** intensiv zu verbessern.

Wenn du das Eisenhower-Prinzip einmal drauf hast, wird alles intuitiver. Plötzlich fühlst du dich klarer, deine Entscheidungen werden einfacher und du stehst deine Tage stressfrei durch. Tada, das **Gedankenkarussell** bleibt endlich stehen.

Praktische Übung: Persönlicher Produktivitätsplan

Diese Lektion ist echt **praktisch**. Du startest mit einem simplen Plan, der dir hilft, deine **Produktivität** zu steigern und das Überdenken zu reduzieren. Los geht's.

Zuerst: Liste alle deine **Aufgaben** und Verantwortlichkeiten für die kommende Woche auf. Egal, wie groß oder klein die Aufgabe ist, alles kommt auf die Liste. Ob du ein wichtiges Projekt im Büro hast, die Steuer machen musst oder einfach nur deinen Hund baden musst - schreib alles auf. Dieser klar strukturierte Überblick über die Woche ist nötig, um Klarheit zu gewinnen und das Chaos im Kopf zu sortieren. Und wenn du alles vor dir hast, fühlt es sich gar nicht mehr so überwältigend an.

Eine intuitive Verbindung zum nächsten Schritt ist hier naheliegend, denn nach dem Auflisten kommt die Sortierung.

Als Nächstes: Kategorisiere jede Aufgabe mit der **Eisenhower-Matrix**. Lass dich nicht vom fancy Namen abschrecken. Es geht nur darum, die Aufgaben in vier einfache Kategorien einzuteilen: wichtig und dringend, wichtig aber nicht dringend, nicht wichtig aber dringend und weder noch. An der Stelle spürst du vielleicht schon eine kleine Erleichterung. Es hilft dir zu erkennen, dass nicht jede Aufgabe gleich viel Energie und Aufmerksamkeit braucht. Also, tief durchatmen und los geht's: Bringe Ordnung ins Chaos, indem du sortierst, was sofort angegangen werden muss und was warten kann.

Direkt daran anknüpfend kommt der nächste Schritt. Nachdem du sortiert hast, wie planst du das Ganze?

Nun: Erstelle einen **Zeitblock-Plan** für die Woche und weise spezifische Zeiten für jede Aufgaben-Kategorie zu. Hier kommt der Zeitblock ins Spiel. Teile deinen Tag in feste Zeitblöcke auf und weise ihnen spezifische Kategorien und Aufgaben zu. Morgens eine Stunde E-Mails und dringende Verwaltungssachen, vormittags zwei Stunden für das wichtige Projekt, am Nachmittag Zeit für Aufgaben, die weniger Priorität haben. Der Schlüssel ist, dir feste Zeiten zu reservieren, statt alles auf einmal oder chaotisch zu machen.

Dann kommt der Teil, der dir helfen wird, konzentriert zu arbeiten: der berühmte Pomodoro.

Jetzt: Setze die **Pomodoro-Technik** für fokussierte Arbeitssitzungen um. Das bedeutet, dass du 25 Minuten voll durcharbeitest und dann eine 5-minütige Pause machst. Vier Mal durch und dann gibt's eine längere Pause. Klingt einfach, oder? Es bringt dein Gehirn dazu, in kurzen und effektiven Schüben zu arbeiten. Super nützlich, wenn du zum Überdenken neigst und nicht länger als nötig auf einer Sache hängenbleiben willst.

Die tägliche Reflexion bringt den nötigen Feinschliff in den Prozess.

Dann: Überprüfe am Ende jedes Tages deinen **Fortschritt** und passe deinen Plan bei Bedarf an. Nimm dir ein paar Minuten vor dem Schlafengehen, um zu checken, was du geschafft hast und was eventuell verschoben werden muss. Fühlst du dich gut? Hast du dich überlastet? Dieses abendliche Check-in hilft dir, realistischer zu planen und eventuelle Spannungen abzubauen.

Und wie effektiv war das alles nun? Das schlüsseln wir im nächsten Schritt auf.

Weiter: Reflektiere darüber, welche **Strategien** am effektivsten waren, um das Überdenken zu reduzieren. Hast du gemerkt, dass die kleinen Pausen wirklich hilfreich waren? Oder hat der Zeitblock-Plan das Chaos im Kopf geordnet? Überlege, welche Tools und Methoden dir am meisten geholfen haben, und nimm dir die Zeit, das kurz zu notieren. Es wird dir später bei der Planung sehr helfen.

Der letzte Schritt gliedert sich nahtlos an diese Reflexion an: der Feinschliff.

Zuletzt: Verfeinere deinen persönlichen **Produktivitätsplan** basierend auf deinen wöchentlichen Erfahrungen. Mach feinere Anpassungen basierend auf dem, was du in der Woche gelernt hast. Der Plan ist ein lebendes Dokument und sollte sich mit deinem

Fortschritt und neuen Erkenntnissen anpassen. Das macht dich nicht nur effektiver, sondern nimmt auch den Druck raus, dass alles perfekt laufen muss.

Jetzt weißt du, wie du konkret ins Tun kommen kannst – ohne Überdenken und mit klarem Kopf.

Zum Schluss

In diesem Kapitel hast du gelernt, wie du deine **Zeit** effektiver nutzen kannst, um besser mit übermäßigen **Gedanken** umzugehen und deinen Alltag stressfreier zu gestalten. Du hast wertvolle **Werkzeuge** erhalten, um deine Aufgaben klar zu strukturieren und so Entscheidungsmüdigkeit zu vermeiden.

Du hast gesehen, wieso das Setzen von **Prioritäten** hilft, weniger zu grübeln, und welchen positiven Einfluss klare Prioritäten auf Stress und mentale Belastung haben. Du hast gelernt, wie du die "Eisenhower Matrix" verwenden kannst, um **Aufgaben** nach Wichtigkeit und Dringlichkeit zu sortieren. Außerdem hast du den Nutzen der "Pomodoro Technique" für bessere **Konzentration** und weniger Grübeleien kennengelernt, sowie die Vorteile von Zeitblöcken, um das Gefühl von Kontrolle zu verstärken und **Stress** zu reduzieren.

Ich hoffe, dass du die vorgestellten **Strategien** in deinen Alltag integrieren kannst. Durch bessere Organisation und effektive Zeitnutzung kannst du deinen Gedanken eine Struktur geben und somit mehr Ruhe und Ausgeglichenheit finden. Also, schnapp dir diese Tipps und setz sie um – du wirst sehen, wie viel leichter dein Leben wird!

Kapitel 9: Techniken zur Stressreduktion

Hast du jemals das Gefühl gehabt, dass dir der **Stress** die Luft abschnürt? Irgendwann war ich auch an dem Punkt. Nun möchte ich dir zeigen, wie dieses Kapitel dein **Leben** verändern kann. Stell dir vor, du liest jeden Abschnitt und merkst, wie du **ruhiger** und gelassener wirst.

Zuerst entdeckst du die Kunst der Progressiven **Muskelentspannung**. Es ist fast wie eine innere Massage! Dann begibst du dich auf eine Reise mit den diaphragmalen **Atemübungen**, die dir helfen, entspannter zu atmen.

Und glaub mir, das Autogene Training wird dich umhauen. Es wirkt wie **Magie** und lässt deinen Stress einfach verschwinden. Aber warte, da ist noch mehr – die 4 A's des **Stressmanagements** bieten dir praktische Tipps für den Alltag. Und zum Schluss kommt die tägliche Stress-Entlastung-Übung!

Lass uns gemeinsam auf diese **Reise** gehen, okay? Entdecke, was wahre **Gelassenheit** bedeuten kann...

Progressive Muskelentspannung

Manche Leute denken, dass körperliche **Entspannung** nicht viel mit mentaler Ruhe zu tun hat, aber das stimmt einfach nicht. Wenn du deinen Körper entspannen kannst, wirst du merken, wie sich deine **Gedanken** beruhigen und das ständige Grübeln nachlässt. Es ist wie ein kleiner Trick, den dein Körper deinem Gehirn spielt – je entspannter deine Muskeln sind, desto weniger **Stress** spürst du.

Das Ding ist, dass körperliche Entspannung und mentale Ruhe Hand in Hand gehen. **Muskelverspannungen** sind oft ein Zeichen von mentalem Stress. Wenn du viel Druck hast oder dir Sorgen machst, neigen deine Muskeln dazu, sich zu verspannen. Das führt zu einem Teufelskreis: Mentaler Stress verursacht Muskelverspannungen, und Muskelverspannungen verstärken den mentalen Stress. Die gute Nachricht ist, du kannst diesen Kreislauf durchbrechen.

Ein Weg, diesen Kreislauf zu durchbrechen, ist durch Progressive Muskelentspannung. Das ist eine **Technik**, bei der du absichtlich verschiedene Muskelgruppen im Körper anspannst und dann entspannst. Klingt einfach, oder?

Ich erkläre dir den Prozess der Progressiven Muskelentspannung. Zunächst setzt du dich oder legst dich bequem hin. Es ist wichtig, dass du dich wohl fühlst. Jetzt beginnst du mit deinen Füßen. Spanne sie für etwa fünf Sekunden an – fest genug, dass du die Spannung spürst, aber nicht so fest, dass es weh tut. Lass los und spüre, wie die Entspannung in deine Füße fließt.

Mach dasselbe mit deinen Waden – anspannen, fünf Sekunden halten und dann entspannen. Geh Schritt für Schritt durch deinen **Körper**. Nimm dir Zeit für deine Oberschenkel, deinen Bauch, deine Hände und so weiter, bis du von Kopf bis Fuß vollkommen entspannt bist.

Wusstest du, dass Leute, die progressive Muskelentspannung regelmäßig machen, weniger Stress und **Ängste** empfinden? Das liegt daran, dass diese Technik deinem Körper beibringt, wie sich echte Entspannung anfühlt. Du wirst anfangen, Muskelverspannungen schneller zu erkennen und loszulassen. Und je mehr du übst, desto besser wirst du darin.

Aber vergiss nicht, dass es Konzentration und Geduld erfordert. Möglicherweise fühlst du dich anfangs nicht völlig entspannt, aber bleib dran. Bald wirst du feststellen, wie stark dieser Zusammenhang zwischen deinen Muskeln und deinem Geist tatsächlich ist.

Progressive Muskelentspannung kann dir helfen, schneller zu erkennen, wenn du Stress hast. Während du deine Muskeln anspannst und entspannst, lernst du, im Moment zu leben und auf deinen eigenen Körper zu hören. Du wirst dich besser fühlen und mit der Zeit auch besser schlafen können. Das ist nicht nur gut für deinen Körper, sondern auch für deinen Kopf.

Es ist verrückt, wie so etwas Einfaches so wirkungsvoll sein kann. Denk mal darüber nach – wir verbringen so viel Zeit damit, uns um die Welt um uns herum zu kümmern, aber nicht wirklich um uns selbst. Diese Entspannungstechnik gibt dir eine **Auszeit** von all dem.

Also, wenn du das nächste Mal merkst, dass du gestresst oder angespannt bist, probier es aus. Nimm dir ein paar Minuten, um deine Muskeln bewusst anzuspannen und zu entspannen. Du wirst überrascht sein, wie sehr das hilft.

Übungen zur Zwerchfellatmung

Manchmal, wenn dein Kopf vor lauter Gedanken schwirrt, hilft schon das **bewusste Atmen**, um wieder klar zu denken. Ja, richtig gehört! Einfach tief ein- und ausatmen. Es klingt vielleicht simpel, aber kontrolliertes Atmen kann echt Wunder wirken, um **Angst** und **Stress** rasch zu reduzieren. Hast du schon mal bemerkt, dass du oft flach oder hektisch atmest, wenn du gestresst bist? Genau das verstärkt die Nervosität nur. Tiefes, bewusstes Atmen schickt deinem Hirn das Signal: "Alles okay, du kannst dich entspannen."

Wenn du tief einatmest, denk dran, die Luft nicht nur in die Brust zu ziehen. Sondern so, dass sich dein Bauch hebt – wie ein Ballon, der sich mit Luft füllt. Das nennt man **Zwerchfellatmung** oder Bauchatmung. Durch die Bewegung des Zwerchfells wird der parasympathische Teil deines Nervensystems aktiviert, der für seine beruhigende Wirkung bekannt ist. Ohne groß nachzudenken rockt dein Körper diese "Kampf-oder-Flucht-Reaktion", wenn du gestresst bist. Ein tiefer Atemzug hilft dann, deinen Körper zurückzusetzen, die Herzfrequenz zu verlangsamen und das Entspannungssystem zu aktivieren.

Okay, lass uns mal ein bisschen tiefer – na ja, du weißt schon – in die Wirkung des tiefen Atmens schauen. Im Alltag atmest du oft zu flach. Resultat? Dein Körper kriegt nicht genug **Sauerstoff**, was nur mehr Stress verursacht. Durch bewusstes, tiefes Einatmen wird dein Blut ordentlich mit Sauerstoff vollgepumpt. Dein Herz sagt "Danke", indem es langsamer und gleichmäßiger schlägt. Diese Ruhepflöcke senden Beruhigungsdividenden durch deinen ganzen Körper aus. Und aus medizinischer Sicht? Na ja, sagen wir einfach: Es hilft auch, das stressbedingte Hormon Cortisol zu senken. Ist wie ein innerer Reset-Knopf.

Hast du jemals ausprobiert, bis vier zu zählen, dann weiterzuhalten und langsam auszuatmen? Hier kommen wir zu einer der populärsten Atemtechniken für Stressabbau – die "4-7-8" Methode. Dabei atmest du ganz durch die Nase ein, während du bis vier zählst. Die Luft hältst du dann für sieben Sekunden an. Schließlich atmest du acht Sekunden lang ganz bewusst durch den Mund aus. Klingt erst mal kompliziert, aber nach ein paar Durchgängen flutscht das richtig gut.

Hier ist, wie du's machst:

• Finde einen bequemen Sitz – Hauptsache, du kannst dabei schön locker bleiben.

• Atme durch die Nase vier Sekunden lang ein.

• Halt den Atem an und zähle bis sieben – versuch, ruhig zu bleiben.

• Öffne den Mund und lass die Luft langsam und gleichmäßig acht Sekunden lang raus.

• Wiederhol das Ganze vier Mal. Mehr Minuten täglich wären super.

Hör auf deinen Körper. An sich funktioniert das überall: Morgens im Bett, auf dem Weg zur **Arbeit** oder bevor's ins Land der Träume geht.

Ganz wichtig: Diese Übung sollte nicht erzwungen werden. Es ist eine leichte, rhythmische Routine, die schnell zur **Gewohnheit** wird. Plus: Der beruhigende Effekt macht es super effektiv, kurze Zeiten des Wartens in Oasen der Ruhe umzuwandeln. Wenn du regelmäßig übst, wirst du merken, wie schnell du damit relaxen kannst. Setz die Technik ein, wann immer du einen extra Kick für die tägliche **Entspannung** brauchst.

Also, probier's einfach mal aus - schneller, entspannter und fokussierter.

Autogenes Training

Immer wenn dir der Kopf zu voll wird und **Gedanken** wild umherspringen, kann Autogenes Training wirklich helfen. Es ist eine **Methode**, um durch Selbstsuggestion einen Zustand tiefer **Entspannung** und geistiger Klarheit zu erreichen. So wie eine externe Stimme in einer Hypnose kannst du durch eigene Suggestionen deinen Geist dazu bringen, ruhiger zu werden und **Stress** abzubauen.

Du sitzt entspannt auf einem Stuhl oder liegst bequem, und dann geht's los. Stell dir vor, wie sich dein **Körper** schwer und warm anfühlt. Es ist wie eine gedankliche Wärmflasche auf den verschiedensten Körperteilen. Mit der Zeit, wiederholt und regelmäßig, fängt dein Körper an, tatsächlich diese Schwere und

Wärme zu spüren. So dringst du langsam in einen tiefen Entspannungszustand vor.

Wie funktioniert das genau? Die Prinzipien der **Selbstsuggestion** sind wirklich einfach. Du gibst dir selbst wiederholte positive Anweisungen. Stell dir das wie eine interne Mantra-Meditation mit konkreten Anweisungen vor. Zum Beispiel: "Mein rechter Arm ist ganz schwer." Diese Worte wiederholst du mehrmals, bis sie in deinem Unterbewusstsein verankert sind und dein Körper tatsächlich reagiert.

Aber warum hilft das? Nun, dein Geist ist sehr stark und solche Suggestionen können dein Nervensystem wirklich beruhigen. Dadurch werden Herzschlag und **Atmung** ruhiger, Stress wird reduziert und das Überdenken kann zur Ruhe kommen. Ein echter Schatz für deine geistige Gesundheit.

Okay, lass uns jetzt einen Schritt weitergehen. Was ist das grundlegende Autogenes-Training-Skript, das du für selbstinduzierte Entspannung nutzen kannst? Es geht so:

• Setz oder leg dich bequem hin.

• Konzentrier dich auf deine Atmung. Atme tief und regelmäßig.

• Wiederhole im Geiste oder laut die Worte: "Ich bin ganz ruhig."

• Wandere nun durch die Körperteile, angefangen bei deinem rechten Arm. Sag innerlich: "Mein rechter Arm ist schwer."

• Dann der linke Arm: "Mein linker Arm ist schwer."

• Weiter so, bis du durch den ganzen Körper gegangen bist. Beine, Bauch, Herz...

Du wiederholst dieses Skript einige Male, bis sich ein Zustand tiefer Entspannung einstellt. Und bleib dabei geduldig. Rom wurde auch nicht an einem Tag erbaut, und tiefe Entspannung braucht ebenso ihre Zeit. Nach einigen Wochen der Übung kannst du wahre Wunder bemerken. Ist das nicht spannend?

Stell dir vor, wie du diesen Übungsprozess mehrfach wiederholst. Spüre den Effekt klar, merk, wie dein Körper mehr und mehr versteht und sich jeden Tag ein wenig tiefer entspannt. Dabei fühlst du dich leichter, deine Gedanken werden freier.

Probier's mal aus... Schöne Träume und alles Gute dabei!

Die 4 A's des Stressmanagements

Lass uns über das **Rahmenwerk** der 4 A's sprechen und wie es ein strukturierter Ansatz zur Bewältigung von Stressoren sein kann. **Stress** ist etwas, das uns alle betrifft, in unterschiedlichem Maße und zu verschiedenen Zeiten. Aber ein Weg, den Stress anzugehen, ist das 4 A's Rahmenwerk: Vermeiden, Verändern, Anpassen und Akzeptieren.

Vermeiden

Vermeiden bedeutet, die Stressfaktoren, die du kennst, aus dem Weg zu gehen oder zu eliminieren. Klingt einfach, oder? Aber im echten Leben ist das nicht immer so leicht. Manchmal willst du in stressige Situationen gar nicht erst geraten. Solltest du etwa immer wieder zu viele Aufgaben übernehmen, könntest du lernen, "Nein" zu sagen. Das könnte viel Stress verhindern. Manchmal erfordert es guten Willen, den Terminkalender zu durchforsten und Dinge rauszuschmeißen, die dich stressen. Stell dir das so vor, wie übermäßig enge Schuhe ausziehen – sofort spürbar erleichternd!

Es gibt viele Wege, Dinge zu vermeiden, die dir den letzten Nerv rauben. Im Job bedeutet es vielleicht, die Tür zuzumachen oder die E-Mail-Benachrichtigungen auszuschalten. Zu Hause könntest du dich dafür entscheiden, schwierige Gespräche auf einen passenderen Zeitpunkt zu verschieben.

Aber mal ehrlich, du kannst nicht alles vermeiden. Was machst du dann?

Verändern

Verändern – wenn du eine stressige Situation nicht vermeiden kannst, versuch sie zu verändern. Das könnte bedeuten, deine Kommunikation anzupassen oder praktische Lösungen zu finden. Hast du dich schon mal darüber geärgert, dass du immer zu spät dran bist? Klar! Dann könnte eine kleine Veränderung im Zeitmanagement helfen. Stressige Meetings? Bitte um eine klarere Tagesordnung oder mehr Pausen. Schieb nicht alles auf morgen, pack's jetzt an. Veränderung braucht Mut, aber wer wagt, gewinnt.

Und was hilft dir genau, diese Veränderungen durchzuziehen? Kleine Anpassungen können Großes bewirken. Schon ein ehrliches Feedback oder eine gute Absprache mit Kollegen kann für ein entspannteres Umfeld sorgen. Selbst ein kleiner Eingriff verschafft dir sofort mehr Luft zum Atmen.

Aber sei ehrlich zu dir selbst – manches kannst du auch nicht wirklich verändern, zumindest nicht sofort.

Anpassen

Wenn Vermeiden und Verändern nicht klappen, geht's weiter zum **Anpassen**. Dabei änderst du deinen eigenen Umgang mit der Situation. Denkst du oft: "Ach, hätte ich das doch nur anders gemacht"? Versuch, dir solche Sätze zu sparen. Lass uns stattdessen deinen Blickwinkel anpassen. Anpassung bedeutet, sowohl deine Wahrnehmung als auch deine Reaktionen auf den Prüfstand zu stellen. Auch wenn der Chef immer angespannt ist – bleib du ruhig und freundlich. Überflutende E-Mails? Du könntest sie ignorieren oder geblockt bearbeiten.

Brauchst du ein Beispiel? Klar, der Klassiker: der lange Stau auf dem Weg zur Arbeit. Machst du den zum ständigen Ärgernis oder drehst du deine Lieblingsmusik auf und nutzt die Zeit zum Singen? Hier geht's um dein eigenes Mindset. Ob Meditation, Atemtechniken oder positive Gedanken – die Haltung ändert vieles. Ein Lächeln in nervigen Momenten kann schon Wunder wirken.

Akzeptieren

Manches kannst du einfach nicht ändern – das ist die harte Wahrheit. **Akzeptieren** steht hier am Ende, dabei lernst du, mit den Dingen zu leben, die du nicht beeinflussen kannst. Es geht nicht ums Aufgeben, sondern ums Annehmen. Starker Regen am Urlaubstag? Schnapp dir dein Buch und entspann drinnen. Akzeptiere das Unvermeidliche mit Gelassenheit.

Akzeptanz macht Platz für innere Ruhe. Durch Akzeptanz gibst du dir selbst die Erlaubnis, den Stress loszulassen, der dir – ehrlich gesagt – nur mehr zusetzt, wenn du ständig dagegen kämpfst. Schließlich kommen und gehen Stressoren. Und damit auch diese Phasen, die dich belasten.

Praktische Übung: Tägliche Routine zur Stressbewältigung

Diese Routine hilft dir, deine tägliche **Stresslast** von den Schultern zu werfen und gelassener in den Tag zu starten.

Beginne mit 5 Minuten **Zwerchfellatmung**. Setz dich bequem hin. Leg deine Hände leicht auf deinen Bauch. Atme mit der Nase tief ein und fühl, wie sich dein Bauch hebt. Dann atme langsam durch den Mund aus, der Bauch sinkt wieder. Spür den Flow. Nimm dir ruhig diese 5 Minuten – sie bringen so viel Erleichterung. Diese Atmung kann wahre Wunder wirken, um verspannte Nerven zu beruhigen. Du wirst merken, wie sich dein Geist entspannt und der Druck nachlässt.

Und jetzt, wenn du entspannt bist, mach weiter mit dem Körper.

Mach einen schnellen **Körperscan**, um Verspannungsbereiche zu identifizieren. Schließ die Augen. Beginn bei deinen Zehen und beweg dich gedanklich hoch bis zum Kopf. Spürst du irgendwo einen Knoten? Beine, Bauch, Rücken, Schultern, Nacken? Nimm einfach wahr, ohne gleich zu bewerten. Nur entdecken. Dieser Scan zeigt, wo sich der Stress festgesetzt hat.

Mit diesem Wissen geht's weiter.

Übe **Progressive Muskelentspannung** für 10 Minuten. Das ist einfacher als es klingt. Such dir eine ruhige Ecke. Spanne verschiedene Muskelgruppen an – z.B. die Fäuste ballen – halt kurz die Spannung, dann lass los. Immer schön langsam und bewusst. Die An- und Entspannung bringt ein tiefes Körperbewusstsein, das Spannungen löst und für Schlummer sorgt. Für vier oder fünf Muskelgruppen langt das völlig.

Im nächsten Schritt konzentrierst du dich auf die Seele.

Verwende positive **Selbstgespräche**, um einen ruhigen Geisteszustand zu verstärken. Sag dir selbst liebevolle, ermutigende Dinge. „Ich schaffe das." oder „Ich bin ruhig und gelassen." So simpel, aber diese Worte haben Macht. Sie schaffen eine positive Atmosphäre in deinem Kopf, die dir durch den Tag hilft. Wirklich glauben – das ist der Trick.

Jetzt bist du in einer guten geistigen Verfassung, um dich einem Stressfaktor zu stellen.

Identifiziere einen **Stressfaktor** und wende das 4 A's Framework darauf an. Das bedeutet: Avoid (Vermeidung), Alter (Veränderung), Adapt (Anpassung), Accept (Akzeptanz). Beispiel: Ein anstehendes Meeting stresst dich. Kannst du es vermeiden?

Nicht immer möglich. Dann: Kannst du etwas daran ändern, etwa die Vorbereitung verbessern? Anpassen - dir selbst sagen, es ist nicht lebenswichtig, sondern nur ein Meeting. Akzeptieren – diese Situation gehört zum Job, du kommst klar. Klare Sicht hilft immer.

Zum Schluss wendest du dich dem Positiven zu.

Beende mit 2 Minuten **Dankbarkeitsreflexion**. Nimm dir die Zeit, um über drei Dinge nachzudenken, für die du dankbar bist. Große oder kleine Sachen - alles zählt. Ein gutes Gespräch, ein schöner Spaziergang, oder sogar nur der angenehme Geruch von Kaffee. Dies hebt deine Laune sofort – Wissenschaft belegt das. Das ist wie eine mentale Umarmung, etwas, das jeden Tag besser macht.

Und fast hätten wir es vergessen, aber...

Notiere deine **Stresslevel** vor und nach der Routine. Schreib es wirklich auf. So siehst du klar und deutlich, wie sehr diese Übungen wirken. Ein einfaches „1-10" System. Vor der Übung – wie hoch war dein Stress? Nach der Übung – wie niedrig ist er jetzt? Über den Verlauf einer Woche siehst du die Unterschiede.

Probier's aus. Gott weiß, du verdienst es, dich besser zu fühlen.

Zum Schluss

In diesem Kapitel hast du verschiedene **Techniken** zur Reduzierung von **Stress** kennengelernt. Diese Methoden helfen dir dabei, sowohl deinen Körper als auch deinen Geist zu **entspannen** und ein Gefühl der Ruhe zu finden. Die Techniken sind einfach zu erlernen und kannst du schnell in deinen **Alltag** integrieren.

Du hast gesehen, wie progressive **Muskelentspannung** dein Denken beruhigen kann und warum Muskelverspannungen oft mit mentalem Stress verbunden sind. Außerdem hast du die Schritte kennengelernt, die bei der progressiven Muskelentspannung zu befolgen sind. Zudem hast du erfahren, wie gezielte **Atemübungen** Angst mindern und den Kopf freimachen können und warum tiefes Atmen einen positiven Effekt auf dein Nervensystem hat.

Diese **Techniken** kannst du einsetzen, um eine gesündere und entspanntere Lebensweise zu führen. Nutze das Wissen aus diesem Kapitel in deinem Alltag und spüre selbst die positiven Veränderungen. Entdecke deine innere **Ruhe** und genieße die kleinen Momente des Friedens. Denk dran: Jeder Moment der Entspannung zählt!

Kapitel 10: Mentale Stärke aufbauen

Hast du dich jemals gefragt, was dich wirklich **stark** macht? Ich hab mich das oft gefragt. Täglich stehst du vor **Herausforderungen**, manche größer als andere. Und doch wächst du an ihnen oder musst zumindest lernen, daran zu wachsen. In diesem Kapitel wirst du entdecken, wie all das **Chaos** und die Hürden im Leben genau das sind, was dich widerstandsfähiger macht. Egal ob es darum geht, tief drinnen **mentale** Stärke zu entwickeln oder clevere Wege zur **Problemlösung** zu finden – es dreht sich viel um persönliches **Wachstum**, und genau das machen wir zusammen!

Wir sprechen auch über bessere **Entscheidungen** und wie **Selbstvertrauen** dabei hilft – fast wie Muskeln für den Kopf, die du ebenfalls trainieren kannst. Bist du bereit, dein mentales Training zu starten? Du wirst überrascht sein, wie schnell du Fortschritte machst. Lass uns sehen, wie weit du kommen kannst!

Mentale Stärke entwickeln

Du kennst das bestimmt – diese quälenden **Gedankenschleifen**, die scheinbar kein Ende nehmen wollen. Grübeln hemmt und lähmt dich, führt zu schlaflosen Nächten und mehr Stress. Aber viele wissen nicht, dass mentale Zähigkeit eine mächtige Waffe gegen diese negativen Gedankenmuster sein kann. Mentale **Stärke** hilft dir, besser mit den Herausforderungen des Lebens umzugehen und widerstandsfähiger zu werden.

Stell dir mentale Zähigkeit als den Schild vor, der dich vor negativen Gedanken schützt. Sie ermöglicht es dir, wie eine Eiche im Sturm zu stehen. Aber wie entwickelst du diese Stärke? **Kernkomponenten** wie Selbstvertrauen, Fokus und Gelassenheit spielen eine große Rolle. Selbstvertrauen, weil du an deine Fähigkeit glauben musst, Herausforderungen zu meistern. Fokus, um dich nicht von negativen Gedanken ablenken zu lassen. Gelassenheit, um Ruhe zu bewahren, selbst wenn alles um dich herum drunter und drüber geht.

Du fragst dich vielleicht, wie du diese Dinge entwickeln kannst. Hier kommt der "Adversity Quotient" ins Spiel. Der **Adversity Quotient**, oder AQ, ist ein Maß dafür, wie gut du mit Widrigkeiten umgehst. Es geht darum, wie effizient du Rückschläge verarbeitest und wieder auf die Beine kommst.

Hast du schon mal davon gehört, dass das Leben dir Zitronen gibt? Und manche machen daraus Limonade. Genau darum geht's beim AQ – das Beste aus schwierigen Situationen zu machen. Einen hohen AQ zu haben bedeutet, schwierige Umstände als **Wachstumschancen** zu nutzen. Wie erlernst du das?

Übungen, die dir helfen könnten, sind Dankbarkeitsjournale zu führen oder **Herausforderungen** zu visualisieren und sie dann gedanklich anzugehen. Es beinhaltet auch, aktiv an deiner eigenen Denkweise zu arbeiten. Beispielsweise: Anstatt "Warum passiert mir das?" zu fragen, solltest du denken: "Was kann ich daraus lernen?" Solche kleinen Perspektivänderungen können Wunder wirken.

Stell dir vor, du steckst im Stau fest. Deine gewohnte Reaktion wäre, dich aufzuregen, oder? Aber du kannst auch die Zeit nutzen, um einen Podcast zu hören oder zu meditieren. Geschichten von Menschen mit hohem AQ zeigen, dass sie in solchen Momenten bewundernswert gelassen bleiben und positiv denken. Klingt machbar, oder?

So, mentale Zähigkeit und der Adversity Quotient sind wie ein **Fitnesstraining** für deine Gedanken. Mit diesen Fähigkeiten kannst du stärker und widerstandsfähiger gegen Grübeln und negative Gedanken werden. Vielleicht nicht von heute auf morgen, aber Schritt für Schritt – und das ist doch schon ein guter Anfang, nicht wahr? So wie du täglich deine Muskeln trainierst, kannst du das Gleiche mit deinem Geist machen. Dein Leben kann wirklich leichter und positiver werden mit mentaler Stärkung und hohem AQ.

Und hey, diese Reise der mentalen Stärkung mit dir ist super spannend. Bleib am Ball, arbeite daran – dein **Weg** zu einem stärkeren Ich ist jetzt geebnet.

Verbesserung der Problemlösungsfähigkeiten

Also, effektives **Problemlösen** kann der Schlüssel sein, um Angst zu reduzieren und das ständige Grübeln zu verhindern. Wie oft hast du dich schon gefühlt, als ob dein Kopf voller wirrer Gedanken ist und du keinen klaren Weg erkennen kannst? Genau hier kommt das Problemlösen ins Spiel. Es hilft dir, **Struktur** in den wirren Haufen von Ideen zu bringen. Wenn du weißt, dass du konkrete Schritte hast, die dich aus einem Problem herausführen, fühlt sich alles weniger beängstigend und überwältigend an.

Probier das aus: Du hast ein großes, lautes Problem, das dir die Nacht raubt. Halt inne und frag dich, ob es einen Weg gibt, dieses Problem in kleinere Teile zu zerlegen. Diese kleinen Teile fühlen sich plötzlich sehr machbar an, oder? Genau das ist der **Zauber** des systematischen Problemlösens. Du nimmst das Große, Unübersichtliche und machst es verständlicher. Dadurch gewinnst du mentale Klarheit und das Überdenken wird entschärft, weil du dich auf den nächsten Schritt konzentrierst und nicht das große Ganze auf einmal bewältigen musst.

Die Schritte des systematischen Problemlösens lassen sich leicht merken und anwenden. Stell dir vor, du hast einen Plan: Schritt 1, Schritt 2, Schritt 3 und so weiter. Diese Schritte geben dir einen klaren Pfad. Zuerst identifizierst du das Problem wirklich klar. Dann suchst du nach Lösungen - ganz kreativ, ohne Begrenzungen. Du wählst die beste Lösung, setzt sie um und bewertest abschließend, wie gut es funktioniert hat.

Jetzt aber weiter... Eine **Methode**, die du unbedingt kennen musst, ist die "IDEAL"-Methode.

• "I" steht dabei für das Identifizieren des Problems. Du musst wirklich verstehen, was das Problem ist. Hier ist ein Beispiel: Du findest dich immer wieder dabei, zu viele Dinge gleichzeitig zu tun und nichts wirklich abzuschließen.

• "D" steht für Definition des Zieles. Was willst du erreichen? Vielleicht ist dein Ziel hier, effizienter und fokussierter zu werden und Projekte tatsächlich abzuschließen.

• "E" kommt als Nächstes und steht für Erkunden der Optionen. Was könntest du tun, um dieses Ziel zu erreichen? Könntest du etwa eine To-Do-Liste erstellen oder feste Zeiten fürs Arbeiten blocken?

• "A" repräsentiert das Auswählen einer Lösung. Von all den Möglichkeiten, die du erkundet hast, welche scheint am praktikabelsten? Sagen wir, du entscheidest dich dafür, **Zwischenpausen** in deinen Tag einzubauen, um die Konzentration aufrechtzuerhalten.

• "L" schlussendlich steht für Lernen und Reflektieren. Das bedeutet, dass du schaust, wie gut deine gewählte Lösung funktioniert hat. Hat das Einbauen von Pausen geholfen oder brauchst du eine bessere Methode?

Nun zum Letzten, aber nicht weniger wichtigen Punkt. Durch Anwendung dieser Schritte erlangst du nicht nur Klarheit, sondern trainierst auch deinen **Geist**, auf strukturierte Weise vorzugehen. Das sorgt für weniger Overthinking und mehr mentale Energie, um die wirklich wichtigen Dinge im Leben zu genießen.

Durch diese Schritte reduzierst du nicht nur sofort deine **Angst** und Unsicherheit, sondern baust auch langfristig mentale Stärke auf, weil du dir immer wieder beweist, dass du in der Lage bist, Probleme zu lösen. Deine innere Stimme wird leiser und deine Handlungsfähigkeit größer.

Zum Schluss, merk dir, dass es mehr als okay ist, Fehler zu machen und daraus zu lernen. Jeder dieser Schritte bringt dich näher zu einer entspannten und klaren **Denkweise**. Ein Stapel von Problemen mag vielleicht wie ein riesiger Berg erscheinen, aber mit systematischem Problemlösen schrumpft er zu etwas Machbarem zusammen.

Entscheidungsfähigkeiten verbessern

Manchmal fühlst du dich wie gelähmt, weil du einfach zu lange über eine **Entscheidung** grübelst. Versteh mich nicht falsch, nachdenken ist gut, aber zu viel davon führt zu Überdenken und Analyseparalyse. Es ist, als ob du ständig auf den "Replay"-Knopf drückst und dieselben Gedanken millionenfach durchkaust. **Selbstsichere** Entscheidungsfindung kann da wirklich helfen. Indem du dir klarmachst, dass nicht jede Entscheidung lebensverändernd sein muss, reduzierst du das ständige Grübeln.

Sei **entschlossen**. So einfach ist es. Doch wie funktioniert das? Übung macht den Meister. Fang mit kleinen Entscheidungen an. "Was esse ich heute zum Mittag?" oder "Welchen Film schaue ich heute Abend?" Mit der Zeit gewinnst du an Sicherheit. Dein

Vertrauen in deine eigenen Entscheidungen wächst. Steter Tropfen höhlt den Stein.

Stell dir vor, du bist entschlossen und triffst rasch **Entscheidungen**. Ein zusätzlicher Bonus: Weniger Stress. Kein sich hinziehendes mentales Durcheinander mehr. Du triffst deine Wahl und machst weiter. Das Gefühl, bewusst und schnell zu handeln, gibt dir das "Okay, ich hab's im Griff"-Gefühl. Mentale Klarheit – wunderbar, oder?

Automatisch reduzierst du dein mentales Durcheinander. Du fühlst dich weniger überlastet, weil du den Ball ins Rollen gebracht hast. Keine verschleppten Entscheidungen mehr, die wie ein schwarzer Schatten über dir hängen. Ergo: Mentaler Friede.

Jetzt tauchen wir in eine Technik ein, die dir helfen kann, selbstsicher Entscheidungen zu treffen: die **"Pro-und-Kontra-Analyse"**. Im Kern ist es simpel. Du nimmst ein Stück Papier und ziehst eine Linie in die Mitte – zwei Spalten entstehen: Pro und Kontra. Schreib alles auf, was dir zu den jeweiligen Seiten einfällt. Keine Scheu, grob zu sein. Schreib jede noch so flüchtige Idee nieder.

Ein Beispiel: Angenommen, du fragst dich, ob du eine **Reise** buchen sollst. Im Pro siehst du vielleicht neue Orte, Erholung und neue Erfahrungen. Im Kontra aber Kosten, Zeit und eventuelle Unannehmlichkeiten. Plötzlich hast du einen klaren Überblick. Es ist wie ein Buffet – da sind die Optionen vor dir, schwarz auf weiß.

Manchmal gerätst du beim Durchführen der Pro-und-Kontra-Analyse ins Stocken. Mach dir keinen Kopf, das ist normal. Frag dich: "Was ist mein **Ziel**?" Ein Tipp: Triff deine Entscheidung, sobald dein Kopf denkt: "Okay, das reicht!" Du weißt schließlich, wann es genug ist – spür es in deinem Bauch und dein Kopf wird folgen.

Und falls du denkst, dass diese Technik einfach nur mechanisch klingt, kann ich dir sagen: Sie entlastet wirklich und reduziert den

Stress spürbar. Ein klarer Kopf – komplett revitalisiert. Wichtig ist, sich nicht in der Liste zu verlieren, sondern einen Punkt zu erreichen, wo du irgendwie sicher bist.

Also, öffne das Kapitel in deinem Kopf nicht immer wieder und mach dir dein Leben einfacher. Probier es aus, mach es dir zu eigen und lass dein Denken fließen. Entscheide, vertrau dir selbst und minimiere so den Stress. Komm mit der Zeit klar und wohltuend zur Ruhe. Alles eine Frage von "ein bisschen Übung" und "sich was trauen" –

Entscheide dich, überdenk nicht und bring deine süßen Gedanken in **Harmonie**.

Selbstvertrauen stärken

Mehr Selbstvertrauen kann **Wunder** bewirken. Hast du schon mal bemerkt, wie Selbstzweifel dir den Kopf verdreht? Wie Gedanken sich überschlagen und du einfach nicht auf Pause drücken kannst? Genau diese grübelnden Gedanken kannst du mit mehr **Selbstvertrauen** in Schach halten. Also, Selbstvertrauen - so wichtig. Du fängst an, an deine Fähigkeiten zu glauben, und plötzlich ist die Angst wie weggeblasen. Klingt gut, oder?

Selbstvertrauen gibt dir dieses angenehme Gefühl von **Sicherheit**. Stell dir vor, du musst eine Präsentation halten. Mit wenig Selbstvertrauen bist du ein Nervenbündel, dein Kopf ist voll mit "Was wäre, wenn"-Fragen. Aber mit mehr Selbstvertrauen segelst du da einfach durch. Weg mit der Angst, weg mit dem Überdenken. Einfach du selbst sein. Das wäre doch cool, oder?

Genau hier kommt die **Selbstwirksamkeit** ins Spiel. Das ist, wenn du daran glaubst, dass du die Kontrolle über deine Lebensumstände hast. Wenn du Selbstwirksamkeit spürst, denkst du nicht ständig darüber nach, was schiefgehen könnte. Stattdessen hast du das

Vertrauen in dich selbst, die Aufgaben zu meistern. Resultat? Reduzierte Angst und weniger Grübeln.

Selbstwirksamkeit ist nicht nur ein Modewort. Sie sorgt dafür, dass du dich **mutig** und bereit fühlst. Also wird deine Angst kleiner und überschaubarer. Du hast das Gefühl, die Dinge im Griff zu haben und dich Herausforderungen selbstbewusst zu stellen. Selbstwirksamkeit bedeutet auch, dass du bei Problemen nicht sofort den Kopf in den Sand steckst. Kein ständiges Überdenken mehr.

Okay, wie baust du diese Selbstwirksamkeit auf? Ein Schritt nach dem anderen, mein Freund. Lass uns doch mal über ein praktisches Werkzeug sprechen – das "**Selbstvertrauens-Tagebuch**". Klingt ein bisschen wie ein Schulprojekt, aber glaub mir, es wirkt. Du nimmst einfach ein Notizbuch und schreibst täglich positive Erfahrungen und Erfolge auf. Einfach, was gut lief. Auch kleine Dinge zählen.

Jeden Tag setzt du dich hin und schreibst ein paar Zeilen. Feier deine **Erfolge**, wie klein sie auch erscheinen mögen. "Heute habe ich das Meeting gut gemeistert" oder "Die Präsentation lief großartig". Die Gewohnheit hilft dir, dich auf Positives zu konzentrieren und stärkt schrittweise dein Vertrauen. Tägliche Erfassung zeigt dir schwarz auf weiß, was du alles schaffst.

Und was, wenn es mal einen miesen Tag gab? Schreib auch das auf, aber fokussiere dich auf: Was habe ich daraus gelernt? Es geht um **Wachstum** und Anerkennung der eigenen Fortschritte. So bleibst du präsent und in Kontrolle, statt in Grübeleien zu versinken. Dein Selbstvertrauen wächst weiter, weil du immer eine Referenz hast, zu welcher du zurückblicken kannst.

Somit merkst du, wie jede kleine Notiz dich stärkt. Durch die regelmäßige Praxis des Selbstvertrauens-Tagebuchs wird dir bewusst, dass du jeden Tag etwas Tolles leistest, sogar an schlechten Tagen. Das führt zu einem durchgängigen Aufbau von Selbstvertrauen und **mentaler Stärke**.

Schlussendlich ist ein starkes Selbstvertrauen die Lösung, übermäßige Gedanken zu überwinden und Ruhe in deinen Geist zu bringen. Indem du deine eigenen kleinen Erfolge feierst und durch Selbstwirksamkeit Bestätigung findest, schiebst du die selbstzweifelnden Gedanken beiseite. Starte einfach und sieh selbst.

Praktische Übung: Trainingsplan für mentale Stärke

Los geht's! Mach dir bewusst, welche **Situationen** im Alltag dir besonders zu schaffen machen. Vielleicht ist es die Angst vor öffentlichen Reden oder die Unsicherheit bei wichtigen Entscheidungen im Job. Auch **Konflikte** mit Freunden oder Familie können eine Herausforderung sein. Schreib jetzt drei spezifische Situationen auf, denen du regelmäßig begegnen musst und die bei dir Überdenken auslösen.

Schau dir die drei Situationen an, die du gerade identifiziert hast. Nun überleg dir für jede Situation, wie du dem negativen Gedankenkreisen entkommen kannst. Denk an positive **Aussagen**, die du dir selbst sagen kannst. Zum Beispiel: "Ich bin gut vorbereitet, ich kann das schaffen." Oder: "Es ist okay, Fehler zu machen, daraus lerne ich." Schreib das für jede der drei Situationen auf. Positives Selbstgespräch hilft dir, negative Gedanken zu durchbrechen.

Jetzt gehen wir einen Schritt weiter und nehmen uns die erste Situation vor. Benutze die IDEAL-Methode:

• Identifiziere das Problem

• Definiere alle möglichen Optionen

- Erstelle einen Plan

- Agiere, führe den Plan aus

- Lerne und evaluiere das Ergebnis

Wende dies genau auf deine Situation an. Schreib auf, was du tun wirst. Manchmal reicht es, die Dinge schriftlich festzuhalten, um Klarheit zu bekommen.

Zeitdruck? Wer kennt das nicht. Bei der Pro-und-Kontra-Analyse schreibst du einfach auf, was für und was gegen eine **Entscheidung** spricht. Geh in Fluss und lass es raus. Nicht zu viel nachdenken. Schreib sowohl Pro als auch Kontra Punkte auf. Dann schau dir die Liste an und entscheide. So einfach kann es sein. Damit erreichst du schneller eine Entscheidung und verringerst endloses Grübeln.

Dein Selbstbewusstseins-Logbuch könnte eines deiner kraftvollsten **Werkzeuge** werden. Schreib drei Dinge auf, die dich stolz machen. Kleine und große **Erfolge**. Deine Stärken. Man denkt oft nicht daran, was man schon alles erreicht hat und neigt dazu, nur das Negative zu sehen. Lass das zur Gewohnheit werden. Gönn dir diesen kleinen Boost. Denn das stärkt dich.

Setz dir ein kleines, erreichbares **Ziel**, das du innerhalb der nächsten Woche schaffen willst. Nicht zu ambitiös – bleib realistisch. Vielleicht schaust du darauf, besser mit **Stresssituationen** umzugehen oder ballast deinen Tag ein wenig aus. Such etwas aus, das machbar ist und schreibe auf, was dein Ziel für diese Woche ist.

Zum Schluss, schau auf all diese Schritte und überleg, wie sich das neue Training auf dein Überdenken ausgewirkt hat. Fühlst du dich klarer, beruhigter? Nimmst du wahr, dass das Grübeln weniger geworden ist? Reflexion ist wichtig. Schreib deine Gedanken auf, so bleibst du objektiv.

Von Herausforderung zu Herausforderung, von Problem zu Problem – du wirst mental immer stärker. Weiter so!

Zum Schluss

Dieses Kapitel hat dir wichtige **Erkenntnisse** vermittelt, wie du mentale Stärke aufbauen und dein Leben positiv verändern kannst. Merk dir diese fünf Hauptpunkte:

Mentale Stärke hilft dir, **Grübelei** und negative Gedankenmuster in Schach zu halten. Die **Kernkomponenten** mentaler Stärke fördern deine Widerstandsfähigkeit. Mit der "Adversity Quotient"-Technik stärkst du deine mentale **Belastbarkeit**. Effektives **Problemlösen** reduziert Ängste und verhindert übermäßiges Nachdenken. Selbstbewusste **Entscheidungen** verringern Stress und geistige Unordnung.

Wenn du dich bemühst, die gelernten Konzepte anzuwenden, kannst du eine starke und positive **Denkweise** entwickeln. Nutze diese Lektionen, um **Herausforderungen** zu meistern und dein Selbstvertrauen zu stärken. So kannst du die Qualität deines Lebens spürbar verbessern. Bleib stark und mutig!

Kapitel 11: Gesunde Gewohnheiten entwickeln

Fühlst du dich oft schlapp und träger als gewollt? Ich erinnere mich gut daran, was ich gemacht habe, um mich **energiegeladener** zu fühlen. In diesem Kapitel begibst du dich auf einen Weg, der dich verwandeln wird. Du fragst dich, was dich erwartet? Halt dich fest, denn es geht um konkrete **Praktiken**, die dein Leben verbessern werden.

Schon eine kleine Änderung deines **Schlafrhythmus** kann Wunder bewirken! Ich hatte auch jahrelang mit ungesunder **Ernährung** zu kämpfen. Aber keine Sorge, es gibt einfache Tricks für einen klaren Kopf. Und wie sieht's mit **Bewegung** aus? Glaub mir, regelmäßige körperliche Aktivität hat einen enormen Einfluss auf deine geistige Gesundheit.

Aber das ist noch nicht alles. Ich zeige dir, wie du dir **Ziele** setzt - und zwar richtig kluge! Stell dir diese **Gewohnheiten** einfach als kleine Bausteine vor, die zusammen dein starkes, gesundes Fundament bilden. Bist du bereit für **Veränderungen**? Dann lass uns loslegen!

Eine konsequente Schlafroutine etablieren

Okay, also wissen wir alle, wie wichtig guter **Schlaf** ist, oder? Aber wusstest du, dass qualitativer Schlaf das Überdenken erheblich reduzieren kann? Genau! Wenn du gut schläfst, kann dein **Gehirn** endlich mal abschalten und sich erholen. Das bedeutet weniger Grübeln in der Nacht und am Tag mehr geistige Klarheit. Stell dir vor, du wachst morgens auf und deine Gedanken sind nicht mehr so durcheinander. Wow, was für eine Vorstellung!

Außerdem, wenn du regelmäßig gut schläfst, dann wirst du merken, dass du dich emotional stabiler fühlst. Deine kognitiven **Funktionen** werden besser: Du kannst dich besser erinnern, schneller denken und Probleme effizienter lösen. Ich meine, wer möchte nicht solche Superkräfte haben? Emotionale Stabilität und klareres Denken – das hört sich wie ein Traum an. Nee, kein Wortspiel beabsichtigt. Oder vielleicht doch ein bisschen.

Aber es reicht nicht einfach zu sagen: "Heute gehe ich früh ins Bett." Es geht darum, eine richtige **Routine** zu entwickeln, die es deinem Körper ermöglicht, regelmäßig in den besten Schlafmodus zu schalten. Es ist wie beim Zähneputzen, es muss ein fester Teil deines Tages werden. Alles klar, wie machen wir das?

Da kommen wir zur Schlafhygiene-Checkliste. Klingt fast schon zu wichtig, aber lass uns das mal einfacher ausdrücken. Es geht darum, kleine Schritte zu unternehmen, die dir helfen können. Hier ein paar Tipps:

• Konsistente **Schlafenszeiten:** Versuche, jeden Tag zur gleichen Zeit ins Bett zu gehen und aufzustehen. Dein Körper liebt Routinen.

• Schlafumgebung: Schaffe eine entspannte Umgebung. Kühl, dunkel und ruhig sollte es sein. Vielleicht ein gemütliches Kissen und eine gute Matratze.

• Bildschirmzeit reduzieren: Nur ein bisschen abends weniger Zeit vor dem Handy oder dem Fernseher. Blaulicht stört deinen Schlaf.

• Routine vor dem Schlafen gehen: Eine kleine Routine vor dem Schlafen gehen – vielleicht lesen oder meditieren. Das hilft, runterzukommen.

• Vermeide Koffein am Abend: Tee ist okay, aber lieber keinen Kaffee oder Energydrinks. Dein Gehirn wird es dir danken.

Diese Schritte sind wie kleine **Bausteine**, die dir helfen können, die perfekte Schlafroutine aufzubauen. Eine Routine, die deinem Gehirn sagt: "Hey, es ist Zeit runterzufahren!" und glaub mir, nach ein paar Wochen wirst du einen Unterschied merken.

Jetzt, da du verstehst, wie hilfreicher Schlaf sowohl deine kognitive Funktion als auch deine emotionale Regulierung unterstützt, wird klar, warum er so lebenswichtig sein kann. Achte also nicht nur auf die Dauer, sondern auch auf die **Qualität** deines Schlafs. Es geht am Ende darum, dir selbst die beste Chance zu geben, tagsüber klar und fokussiert zu sein, ohne die ständige Last des Überdenkens.

Schlaf beeinflusst alles in deinem Leben. Von deiner Laune bis zu deiner Fähigkeit, in stressigen Situationen gelassen zu bleiben. Es ist fast magisch, wie eine gute Nacht alles ändern kann. Und wenn du all diese Tipps befolgst und ernsthaft eine konsistente Schlafroutine entwickelst, wirst du erstaunt sein, wie dein Leben auf positive Weise beeinflusst wird.

Das war eine ganze Menge zu verarbeiten, ich weiß. Aber Schritt für Schritt, ja? Denk daran, der Weg zu einem klareren und glücklicheren **Geist** beginnt oft mit einfachen Schritten. Ein besserer Schlaf führt zu einem besseren Leben. So einfach kann's manchmal sein.

Ernährung für geistige Klarheit

Ernährung spielt eine riesige Rolle für dein **Wohlbefinden**. Gesundes Essen kann dein **Gehirn** genauso unterstützen wie deinen Körper. Dich gut zu ernähren hilft auch dabei, angetriebene Gedanken zu reduzieren. Was du isst, beeinflusst deine Stimmung und dein Denken. Klar ist, dass Schokolade glücklich macht – aber es gibt ernährungstechnisch tatsächlich noch viel mehr.

Nimm zum Beispiel Omega-3-Fettsäuren. Diese findest du in Fischen wie Lachs oder Makrele. Studien zeigen, dass Omega-3-Fettsäuren die **Funktionsfähigkeit** des Gehirns verbessern können. Außerdem helfen sie dabei, Angstgefühle zu verringern. Verrückterweise beginnt der Tag mit einem Lachsbrötchen schon ganz anders, oder? Also, leg den Schokoriegel weg und greif zum Lachs.

Es ist faszinierend zu wissen, dass **Lebensmittel** wie Nüsse auch dein Gehirn lieben. Walnüsse und Mandeln enthalten viel Vitamin E, welches antioxidative Eigenschaften hat. Die schützen deine grauen Zellen vor Schäden. Das bedeutet, eine Handvoll Nüsse als Snack zu essen kann wirklich bezaubernde Auswirkungen haben – nicht nur zum Naschen, okay?

Von der Effektivität solcher Lebensmittel springen wir zu etwas, das viele vergessen: die beeindruckende Verbindung zwischen **Darmgesundheit** und geistigem Wohlbefinden.

Stell dir das vor: dein Darm und dein Gehirn kommunizieren ständig miteinander. Wenn dein Darm gesund ist, ja, das beeinflusst auch direkt dein Gehirn. Blähungen und Bauchschmerzen können dein Denkvermögen beeinflussen. Probiotika helfen hier. Das sind nützliche Bakterien, die die Darmflora verbessern. Wo findest du die? In Joghurt, Sauerkraut oder sogar Kimchi.

Ein gesunder Darm kann **Stressreaktionen** mildern und Gefühle der Angst verringern. Wenn dein Bauch gesund gurgelt, bleibt der Kopf klar. Also, beim nächsten Einkauf vielleicht mal ein Joghurt mehr einpacken?

Bonus-Tipp: Faserreiche Lebensmittel wie Obst und Gemüse fördern ebenfalls eine glückliche Darmumgebung. Eine Schale Beeren am Morgen und du bist ein mental klareres Individuum. Klingt einfach, oder?

Jetzt lass uns den "gehirnfreundlichen **Ernährungsplan**" vorstellen. Ein Plan, der so viele Vorteile hat, dass du gar nicht weißt, wo du anfangen sollst.

Ein Beispiel: Beginne deinen Tag mit einer Schale Haferflocken. Vollgepackt mit Ballaststoffen und Energie, gibt dir das einen langsamen Start in den Tag. Steigere den Genuss, indem du Beeren darauf gibst – beide bekämpfen freie Radikale, welche dein Gehirn schwindelig machen können. Knusprig mit einem Löffel Chiasamen darauf? Da sind die Omega-3-Fettsäuren wieder!

Zum Mittagessen ein leckerer grüner Smoothie: Spinat, Grünkohl und ein Spritzer Zitronensaft. Jaja, das klingt "grün", aber dieser Mix ist randvoll mit **Nährstoffen**, welche dir das Nachmittagsloch ersparen. Steuerst du dann noch Avocado bei, schnall dich an – Glanzleistung für deine grauen Zellen inklusive.

Abends lassen wir es leicht sein, mit gegrilltem Hühnchen und reichlich Gemüse. Vergiss nicht etwas Olivenöl dazu, das unterstützt die Antioxidation! Ein kleines Design vielleicht: Violette Karotten, Tomaten und Brokkoli zusammen – ein buntes Gericht für optimale geistige Klarheit!

Berauscht? Hungrig? Wohlfühlen mit dieser Ernährung? Eindeutig: Kleiner Aufwand mit großer Wirkung für deine mentale **Gesundheit**. Ganz ohne miefendes Fastfood und völliges Überessen. Dein Gehirn wird es dir vor lauter Dankbarkeit danken.

Wechsle... und höre nie auf mit diesem Prozedere. Deine Seele bleibt ausgeglichen, dein Hirn friedlich gepowert.

Regelmäßige Bewegung für die psychische Gesundheit

Du weißt wahrscheinlich schon, dass **Bewegung** gut für deinen Körper ist. Aber hast du schon mal daran gedacht, wie positiv körperliche Aktivität dein geistiges **Wohlbefinden** beeinflussen kann? Stress schleicht sich in deinen Alltag ein und kann dich total aus der Bahn werfen. Da kommt Bewegung ins Spiel.

Wenn du reizüberflutet bist oder dich gestresst fühlst, kann eine Runde um den Block wahre Wunder bewirken. Bewegung reduziert **Stress** – einfach so! Dieses Gefühl der Erleichterung kommt daher, dass körperliche Aktivität den Cortisolspiegel senkt. Cortisol ist das Stresshormon, das deinen Körper in einen Kampf-oder-Flucht-Modus versetzt. Sobald die Level sinken, fühlst du dich ruhiger, ausgeglichener und bereit, wieder klar zu denken.

Und es ist nicht nur der Stresslevel, der runtergeht. Du wirst merken, dass regelmäßige Bewegung auch dein **Selbstwertgefühl** stärkt. Es gibt dir ein gewisses Maß an Kontrolle über deinen Körper und deinen Geist zurück. Es fühlt sich einfach gut an, etwas nur für dich zu tun, etwas, von dem du sofort spürst, dass es dir guttut.

Jetzt wird's interessant: Es gibt tatsächlich neurochemische Gründe, warum dich Bewegung in bessere Stimmung versetzt und sogar deine kognitiven Funktionen verbessert. Beim Sport werden **Endorphine** freigesetzt – diese berühmten „Glückshormone". Sie wirken wie natürliche Schmerzmittel und Stimmungsaufheller.

Dann gibt's da noch das Dopamin. Wenn du trainierst, steigt dein Dopaminspiegel an. Dadurch fühlst du dich nicht nur glücklicher, sondern kannst dich auch besser konzentrieren und motiviert bleiben. Es ist, als würde dein Gehirn sagen „Gute Arbeit! Weiter so!" Diese Effekte spürst du besonders, wenn du Gewohnheiten aufbaust und regelmäßig aktiv bist.

Zusätzlich profitieren auch deine Neuroplastizität und dein Hippocampus – klingt kompliziert, sind aber wichtige Hirnbereiche, die mit **Gedächtnis** und Lernen zu tun haben. Je mehr du dich bewegst, desto mehr unterstützt du diese Hirnregionen, die Wachstum und Anpassungsfähigkeit fördern.

Apropos, hast du schon von der „Stimmungsaufhellenden Trainingsroutine" gehört? Die ist speziell darauf ausgelegt, Grübeleien und Ängste zu bekämpfen. Stell dir eine Mischung aus Cardio-, Krafttraining und Entspannungstechniken vor.

Zum Beispiel:

• Ein zehnminütiger leichter Lauf zum Aufwärmen

• Dann ein paar einfache Kraftübungen wie Liegestütze und Kniebeugen

• Zum Schluss dehnst du dich für fünf Minuten – gönn dir das!

Das Tolle daran ist, dass du diese Routine überall und jederzeit machen kannst. Du brauchst keine teure **Fitnessstudio-Mitgliedschaft** oder spezielles Equipment. Und nach einer Weile, wenn du dranbleibst, wirst du merken, dass deine Gedanken klarer werden und deine Lust auf Grübeln nachlässt. Alles fühlt sich irgendwie leichter an – fast so, als würden Lasten von deinen Schultern fallen.

Fazit: Regelmäßiger Sport kann nicht nur deinen Körper, sondern auch deinen Geist fit halten. Probier's einfach mal aus. Experimentiere mit verschiedenen Aktivitäten, mach es zu einem Teil deines Tagesablaufs und genieße, wie gut **Bewegung** deiner Seele tun kann.

SMART-Ziele setzen

Klare **Ziele** zu haben kann dir echt helfen. Wenn du oft ziellos nachdenkst und dich in einem Gedankenkreislauf verfängst, dann kann ein klares Ziel wie ein **Kompass** wirken. Es ist, als ob du endlich eine Karte für deinen Weg in der Hand hältst. Du weißt, wo du hinwillst und was du tun musst, um anzukommen. Das macht den Kopf einfach freier. Weniger Grübeln, mehr Handeln.

Wenn es um Ziele geht, hört man oft von SMART-Zielen. Aber wofür steht SMART eigentlich? Es ist eine Abkürzung, die das Zielsetzen irgendwie vereinfacht:

• Spezifisch: Dein Ziel sollte klar und genau sein.

• Messbar: Du musst sehen können, wie du vorankommst.

• Erreichbar: Das Ziel sollte realistisch sein.

• Relevant: Es muss für dich wichtig sein.

• Zeitgebunden: Setze dir eine Deadline.

Jeder dieser Punkte ist wichtig. Ein spezifisches Ziel zu haben, hilft dir, genau zu wissen, was du willst. Wenn es messbar ist, kannst du **Fortschritte** sehen und bleibst motiviert. Erreichbare Ziele verhindern, dass du frustriert wirst. Relevante Ziele halten dich dabei, weil sie dich interessieren. Und Deadlines? Die sorgen einfach dafür, dass du nicht auf "irgendwann später" verschiebst.

Jetzt, da du die Bestandteile kennst, wie setzt du so ein SMART-Ziel? Zuerst mal, mach dir ein klares Bild. Denk an das, was du erreichen möchtest. Ist es **Körpergewicht** verlieren, ein Projekt beenden oder eine neue Fähigkeit lernen? Sei so spezifisch wie möglich. Anstatt "ich will fitter werden," sag zum Beispiel "ich will drei Mal die Woche joggen gehen."

Messbar machen? Das ist der nächste Schritt. Wie kannst du deinen Fortschritt verfolgen? Beim Joggen könntest du sagen, "ich will in drei Monaten 5 Kilometer in unter 30 Minuten schaffen." Hier siehst du eine klare Linie, wie nah du deinem Ziel kommst.

Ist dein Ziel erreichbar? Wenn du bisher kaum Sport gemacht hast, ist "tägliche Trainingseinheiten" nicht realistisch. Fang klein an und steiger dich. Das hält die **Motivation** oben und Frust unten.

Das Ziel muss wichtig für dich sein. Wenn es dir egal ist, ganz ehrlich, verlierst du schnell das Interesse. Willst du wirklich laufen, weil alle es tun oder weil du es selbst willst?

Ein **Zeithorizont** ist ebenfalls unabdingbar. Er sorgt dafür, dass du alles im Blick hast und Schritte unternimmst, anstatt es immer vor dir herzuschieben.

Also, schau dir jetzt mal deine Wünsche und Ziele an. Versuch ein SMART-Ziel zu formulieren. Dann sieh dir an, wie du den Plan umsetzt. Teile dein großes Ziel in kleinere Schritte. Weißt du noch, wie man Elefanten isst? Genau, Stück für Stück. Gleiches gilt für größere Ziele. Wenn du ein großes, überwältigendes Ziel in kleine erreichbare Teile zerlegst, wirkt alles machbar.

Einmal mitten im Plan, vergiss nicht die **Fortschritte** zu feiern. Kleine Siege bekommen oft wenig Aufmerksamkeit, aber sie sind es, die dich auf Kurs halten. Zielkriterien und Wochenziele, Erfolge stolz teilen - so bleibt die Motivation oben.

Schließlich hilft dir der SMART-Plan beim permanenten Weiterkommen und Wachsen. Statt loszugehen ohne zu wissen wohin, zeigt er deine Tätigkeit und deinen Kurs. Weniger zielloses Überlegen, mehr handeln. Du siehst einen eigenen **Spielplan** und folgst deinem Weg, statt andersherum von Gedanke zu Gedanke vermeidbare Hindernisse zu hüpfen.

Geschafft! SMART-Ziele bringen Klarheit, Struktur und Motivation in deine Vorhaben. Die Anwendung von SMART-Zielen könnte eine wertvolle Methode sein, um dich wieder zu fokussieren und Gedanken-Schleifen zu bändigen.

Zum Schluss

In dieser abschließenden Überlegung **fasse** ich die wichtigsten Punkte zusammen, die wir in diesem Kapitel behandelt haben, und wie sie dir helfen können, **gesunde** Gewohnheiten zu etablieren. Es ist von großer Bedeutung, dass du jede dieser Lektionen beachtest, um deine körperliche und **geistige** Gesundheit zu verbessern.

In diesem Kapitel hast du:

• Gelernt, dass regelmäßiger und qualitativ guter **Schlaf** das Überdenken reduziert und die geistige Klarheit verbessert.

• Erfahren, wie die **Ernährung** dein Gehirn unterstützen und angstgetriebene Gedanken verringern kann.

• Verstanden, dass körperliche **Aktivität** nicht nur den Stress reduziert, sondern auch die allgemeine geistige Gesundheit fördert.

• Herausgefunden, wie **SMART-Ziele** dir helfen können, Richtung zu finden und zielloses Überdenken zu mindern.

Abschließend möchte ich dich ermutigen, das Gelesene in deinem **Alltag** aktiv anzuwenden. Jedes bisschen zählt und jede gute Gewohnheit bringt dich einen Schritt näher zu einem gesünderen und glücklicheren Leben. Ran an den Speck!

Kapitel 12: Positive Psychologie in Aktion

Hast du dich jemals gefragt, was passiert, wenn du das **Positive** im Leben wirklich siehst und schätzt? Ich auch, und deshalb habe ich diesen Abschnitt geschrieben. Hier geht es nicht nur darum, theoretisch über **Glück** zu sprechen – es fängt mit **Dankbarkeit** an, die dich wirklich verändern könnte. Stell dir mal vor, du würdest die schönen **Momente** im Alltag wirklich spüren? Du findest hier einfache Tipps dafür. Und weißt du was? Wir tauchen in **optimistische** Gedanken ein.

In diesem Kapitel geht es darum, wie du **Aktivitäten** erreichst, bei denen du völlig aufgehen kannst. Ein kleines Toolkit dazu, wie du an jedem Tag einen positiven Schub holst, wartet auch auf dich. Das klingt **spannend**, nicht wahr? Ich denke, diese Ideen können dein Leben tatsächlich verschönern. Fang einfach an mit einem aufmerksamen Blick auf das Positive. Bereit? Das glaube ich doch!

Dankbarkeit üben

Fühlst du dich oft verloren in einer Welle von negativen **Grübeleien**? Du bist nicht allein. **Dankbarkeit** kann wirklich Wunder wirken und deinen Fokus auf die guten Dinge im Leben lenken. Es ist wie ein Schalter, der dir erlaubt, von „alles ist schlecht" zu „hey, das ist eigentlich ziemlich gut" umzuschalten. Einfach. Du schaust bewusst auf das Positive anstatt immer nur das Schlechte zu sehen.

Aber warum funktioniert das so gut, fragst du dich? Bei vielen Menschen, die zu viel nachdenken, ist der **Geist** ständig auf Höchsttouren. Gedanken rasen, drehen sich im Kreis und das wird unendlich anstrengend und stressig. Dankbarkeit hilft, diesen Kreislauf zu durchbrechen. Wenn du bewusst anfängst, jeden Tag Dinge zu bemerken, für die du dankbar sein kannst, entsteht ein positiver Teufelskreis. Mit jeder Dankbarkeitsübung wird dein Fokus neu ausgerichtet und das sorgt langfristig für bessere Gedanken und weniger **Stress**.

Stell dir vor: Du fährst den Tag über auf einer Achterbahn der Gedanken, jetzt lenke deinen Geist auf etwas Positives. Änderungen mögen klein anfangen – wie schöne Blumen am Straßenrand zu bemerken. Doch mit der Zeit wird dein Gehirn darauf trainiert, Gutes vor dem Schlechten zu erkennen. Dieser allmähliche Shift schärft deine Einstellung auf nachhaltige Weise.

Und dann? Wie beeinflusst das deine Gehirnchemie? Los geht's: Dankbarkeit kann unglaublich positive Effekte auf deine **Stimmung** und Stresslevel haben. Wissenschaftlich gesehen, fördert Dankbarkeit die Produktion von Dopamin und Serotonin, also den sogenannten **Glückshormonen**. Neuronale Schaltkreise, die mit Belohnungen und positiver Verstärkung verknüpft sind, werden gestärkt. Das erweckt sozusagen mehr positive Emotionen und weniger Stressgefühle – einfach dadurch, dass du feststellst, wofür du dankbar sein kannst.

Desweiteren fällt es uns allen schwer, Stress abzubauen, weil solche Blickwechsel Arbeit erfordert... Gehirnarbeit. Aber diese Art „Neuprogrammierung" ist einfach und machbar mit kleinen täglichen Riten, die dein Glücklichsein pushen können. Dankbarkeitsübungen bringen auch andere Boni: Hüpfend glücklicher macht dich belastbarer. Weniger angreifbar durch Stress. Ein echter Gamechanger, oder?

Okay, genug Theorie! Willst du wirklich was Praktisches, was du direkt umsetzen kannst? Hier ist die "drei gute Dinge"-Technik.

Ganz einfach. Setz dich jeden Abend ruhig hin, nimm ein **Notizbuch** und schreib drei Dinge auf, die an diesem Tag gut liefen oder dich gefreut haben. Es können total simple Sachen sein: Ein leckeres Frühstück, ein nettes Gespräch oder die gute alte Erfolgsstory „pünktlich Feierabend gehabt". Total egal was, Hauptsache, es sind echte, gute Dinge deines Tages.

Von all dem täglichem Blabla hin zu einem festen Anker in deinem Leben – diese Technik kann dir helfen, positiven Input zu verstärken. Schließlich ist es nicht die Weltreise oder millionenschwere Vertragsabschlüsse, worauf's im Endeffekt zählt. Es sind die kleinen Dinge, die du erkennst und wertschätzt. Alle kleinen Momente summieren sich und helfen dir so Schritt für Schritt, Stress zu reduzieren und aus diesen Grübelgedanken rauszukommen.

Vielleicht findest du es anfangs komisch und denkst, es ist zu einfach, um wirksam zu sein. Aber genau darin liegt die **Magie**. Werd Schlag auf Schlag freundlicher zu dir und du wirst erkennen: Mit kleinen Schritten kannst du große Freudenspots in dein Leben bringen. Durch kleine gezielte Änderungen verwebst du wohltuende Dankbarkeit direkt in deinen Alltag und machst es zu einem Teil deiner Welt.

Positive Erfahrungen genießen

Du kennst sicher diese **Momente** im Leben, die einfach so schön und besonders sind. Aber oft rauschen sie an dir vorbei, ohne dass du sie richtig genießt. Meistens bist du zu beschäftigt, Sorgen hier, Termine da. Aber halt mal inne! Was wäre, wenn du deine schönen **Augenblicke** im Leben intensiver ausleben könntest? Genau darum geht's beim Genießen. Es kann dir dabei helfen, dich besser zu fühlen und all das Grübeln, das in deinem Kopf rumschwirrt, ein bisschen zur Ruhe zu bringen.

Also, wie läuft das ab mit dem **Genießen**? Wenn du dabei auch wirklich fühlst, dass alles gut ist — wenn du so richtig in dem Moment aufgehst — wandeln sich diese kleinen Freuden in große positive Emotionen um. Klar, alle Gefühle kann man irgendwie spüren, aber positive **Emotionen** kräftigen dich, machen dich resistenter gegenüber negativen Gedanken. Das ist aber noch nicht alles. Sie schenken dir mehr Selbstwertgefühl und Zufriedenheit mit dem, was du hast. Cool, oder?

Und wie genau machst du das mit dem Genießen? Stell dir vor, du lässt dir Zeit, einen frischen, wetterwarmen Sommertag zu erleben. Der Trick ist, ganz bewusst beim Erleben zu bleiben, so als wolltest du jede Sekunde festhalten. Ah, und am besten geht das tatsächlich mit einer super einfachen Technik: dem sogenannten "**Genussspaziergang**". Klingt eigentlich ganz lustig, klar. Aber hey, probier's einfach aus.

Nun zu dieser tollen Methode, dem Genussspaziergang. Stell dir vor, du bist draußen, vielleicht im Park, und gehst einfach spazieren. Aber statt dich auf Probleme zu fokussieren, konzentrier dich mal auf deinen Weg, auf die Farben, die **Geräusche** um dich herum. Du siehst den blauen Himmel, hörst die Blätter rauschen und fühlst den warmen Wind auf der Haut. So simpel unspektakulär, aber ungeheuer wirksam. Jeder Schritt eine bewusste, positive Erfahrung.

Wenn du regelmäßig solche Genussspaziergänge machst, wirst du merken, dass sich dein Blick ändert. Du wirst aufmerksamer für die vielen kleinen Dinge, die wirklich Freude bringen. Vielleicht wirst du in einem Baum Rinde in einer Form erkennen, die du vorher nie wahrgenommen hast, oder du findest Blumen, die du nie zuvor beachtet hast. Das öffnet dir die **Augen** — für Positiverlebnisse im täglichen Leben.

Und wie passt das nun mit der Verstärkung positiver Emotionen zusammen? Ganz simpel: jede Freude, die du bewusst erlebst, verstärkt sich wie ein magischer Trick. Stell dir vor, dein Kopf ist wie eine Stereoanlage. Immer wenn du was Schönes erlebst und dich darauf fokussierst, drehst du die Lautstärke auf. Irgendwann tritt sanft aber sicher das Grübeln in den Hintergrund und der Klang der schönen Erlebnisse füllt den Raum. Das verbessert nicht nur deine Laune, sondern wirkt sich stark positiv auf deine mentale **Gesundheit** aus.

Jetzt, da du weißt, wie du das Genießen so richtig ausschöpfen kannst, wie wär's, wenn du gleich rausgehst und es ausprobierst? Jeder Tag kann voller Wunder sein — manchmal braucht man nur die richtige Rezeptur, um sie zu entdecken. Sei bewusster, geh langsamer, atme tiefer und genieße das **Leben**, ganz gleich, welcher Wochentag es ist. Die Technik des Genussspaziergangs zu erlernen, ist ein toller Schritt, der dir schon morgen bessere Laune bringen kann.

Kurz gesagt — ohne zu viele Worte: Kleine Dinge bewusster genießen, spart dir viele negative Gedanken. Versteh das wie eine Herzpille für deinen Kopf — gesund und obendrauf mit süßer Note.

Sich in Flow-Aktivitäten vertiefen

Hast du schon mal bemerkt, wie alles andere unwichtig wird, wenn du so richtig in etwas **aufgehst**? Ja, ich rede von diesen Flow-Zuständen. Diese Zeiten, wo du einfach alles um dich herum vergisst und nur noch das zählt, was du gerade tust. Genau solche Zustände können dir helfen, eine natürliche Pause von deinem ewigen Gedankenkreislauf zu machen.

Flow ist etwas ganz Besonderes. Wenn du in einem Flow-Zustand bist, verschwinden die negativen Gedanken irgendwie. Es gibt keinen Platz mehr für sie, weil dein Kopf voll mit dem Jetzt ist. Es ist wie **magisch**, aber eigentlich ganz einfach. Du bist so vertieft in dem, was du gerade tust, dass alles andere verblasst. Überdenken?

Fehlanzeige. Da gibt's keinen Raum für alte Sorgen oder zukünftige Ängste – nur deine Tätigkeit und du.

Der **Einfluss** von Flow auf unser Wohlbefinden ist echt erstaunlich. Lass uns ein bisschen darüber plaudern. Flow hilft nicht nur, deine Aufmerksamkeit komplett auf die gegenwärtige Aufgabe zu richten, sondern verbessert auch dein allgemeines Wohlbefinden. Die psychologischen Merkmale eines Flow-Zustands können fast wie ein Naturheilmittel für deinen gestressten Geist wirken. Dinge wie vollkommene **Konzentration**, das Gefühl von Kontrolle und das Aufgehen in einer Aktivität tragen dazu bei, dass du dich zufriedener, entspannter und sogar glücklicher fühlst.

Doch wie kommst du zu diesem magischen Punkt? Das ist einfacher, als du vielleicht denkst. Zuerst einmal geht es darum, herauszufinden, welche Aktivitäten dir wirklich Freude bereiten und dich **herausfordern**. Das kann alles Mögliche sein – vom Gärtnern bis zum Schreiben, vom Malen bis zu komplizierten Puzzles. Such dir etwas aus, was dir Spaß macht und was dich gerade genug fordert, ohne dich zu überfordern.

Der Prozess, persönliche Flow-Aktivitäten zu identifizieren, beginnt oft mit etwas Selbstreflexion. Frag dich, wann du das letzte Mal das Gefühl hattest, komplett von einer Tätigkeit eingesogen zu werden. Schwere Frage? Denk einfach an die Momente zurück, in denen du völlig die Zeit vergessen hast. Diese Augenblicke sind oft Indikatoren für potenziellen Flow.

Wenn du einmal eine Ahnung hast, was das bei dir sein könnte, probier es aus. Spiel ein Spiel, male ein Bild, versuche dich in einer neuen Sportart oder lies ein richtig gutes Buch. Sei dabei geduldig und offen. Manchmal dauert es eine Weile, bis du völlig in den Flow eintauchen kannst.

Und wenn du spürst, dass dich eine Aktivität nicht so anspricht, probiere etwas anderes aus. Es gibt unzählige **Möglichkeiten** und du kannst sicher sein, dass irgendetwas davon den richtigen Nerv bei dir trifft. Geh spielerisch an die Sache heran und achte darauf, dich selbst nicht unter Druck zu setzen.

Also, mach dich locker und finde heraus, was dich in den Flow bringt. Es ist ein bisschen wie eine Suche nach dem, was deine Seele zum Singen bringt – nur viel greifbarer. Mach weiter und entdecke neue Seiten an dir. Es lohnt sich. Wenn du das Gefühl hast, diesen Platz gefunden zu haben, gib nicht auf. Sorge dafür, dass du regelmäßig Zeit hast, dich diesen Flow-Aktivitäten hinzugeben. So wirst du nicht nur eine natürliche Begabung zum Treibenlassen entwickeln, sondern auch eine stabile mentale **Haltung** gegenüber Stress und dem ewigen Grübeln.

Probier's einfach Schritt für Schritt aus und der Rest wird von selbst kommen. Lass dich auf das **Abenteuer** ein und genieße die Reise in den Flow!

Optimismus fördern

Wie hilft **realistischer Optimismus** eigentlich, negative Gedankenspiralen zu durchbrechen und **Angst** zu reduzieren? Stell dir vor, du bist oft in Gedanken gefangen und es fühlt sich an, als würde ein Teufelchen auf deiner Schulter ständig flüstern: "Es wird alles schiefgehen." Du wirst nervös, und diese Angst wirkt wie ein Magnet für weitere schlechte Gedanken. Realistischer Optimismus kommt dann ins Spiel. Das bedeutet nicht, dass du alles durch eine rosa Brille siehst, sondern eher, dass du die positive Seite der Dinge siehst, während du trotzdem die Realität anerkennst.

Manchmal hilft es, dich an echte **positive Ereignisse** zu erinnern - wann ist dir letztens etwas richtig Gutes passiert? Nutze das als Anker. Das Realistische an dieser Form des Optimismus ist, dass du sagst: „Das hier ist schiefgegangen, aber das bedeutet nicht, dass alles schlecht ist." Typisch wäre ein **Mantra**: „Ich habe schon einmal Probleme überwunden und das werde ich auch diesmal tun."

Du stützt dich auf Fakten und vergangene Erfahrungen, um die dunkleren Gedanken zu verdrängen. Ganz klar, das reduziert nicht nur die Angst, sondern schürt auch ein Gefühl von Kontrollierbarkeit.

Oft wird realistischer Optimismus mit blindem Optimismus verwechselt. Der blinde Optimismus leugnet Schwierigkeiten und tut so, als wären sie nie da gewesen. Das macht anfällig, weil du dann meist nicht auf Unerwartetes vorbereitet bist. Vertraust du einfach darauf, dass alles von selbst gut wird? Nicht wirklich! Es ist so, als würdest du ein Loch im Eimer ignorieren und hoffen, das Wasser bleibt drin. Am Ende bist du enttäuscht, wenn das Wasser doch ausläuft. Dagegen baut erlernter Optimismus auf der Fähigkeit, positive Erwartungen zu schulen, auf der Basis echten Nachdenkens und Lernens.

Pass auf, wenn du diesen Unterschied verstehst, können wir zu praktischen **Techniken** übergehen, die deinem Optimismus einen ordentlichen Schub verleihen. Nimm zum Beispiel die "bestmögliche Selbst"-Technik. Stell dir vor, du schreibst eine Geschichte.

Die „bestmögliche Selbst"-Technik legt dir ans Herz, dir für ein paar Minuten täglich vorzustellen, wie dein Leben wäre, wenn alles bestmöglich laufen würde. Einfach ausgedrückt: Versuche mal, dich in ein **Zukunftsszenario** zu versetzen, in dem alles gut läuft. Wo du deine Ziele erreichst und deine Wünsche verwirklichst. Vertrauen in diese Technik fängst du damit an, dass du sie direkt ausprobierst.

Du kannst dir ein ruhiges Plätzchen suchen, wo du ungestört bist. Nimm dir ein Notizbuch und fang an zu schreiben. "Wie sieht mein bester Tag in der Zukunft aus?", "Was erlebe ich?", "Wie fühle ich mich?" Das Spannende daran ist, dass diese Übung das Gehirn auf positive Erlebnisse ausrichtet. Während du schreibst, lernst du, dich auf gute Nachrichten und **Erfolgserlebnisse** zu fokussieren. Klingt simpel, aber solche kleinen gedanklichen Reisen können einen enormen Effekt haben.

Kommen wir doch zurück zur Verbindung zwischen realistischem und erlerntem Optimismus. Also, man kann sehen: Es braucht manchmal nur ein paar bewusste, positive Gedanken und das **Visualisieren** des bestmöglichen Selbst, um klarer zu erkennen, dass das Leben viele gute Seiten hat - auch wenn es mal schwierig ist. Die Praxis dieser Techniken bringt dir neue Energie und hilft, Altes loszulassen. Optimismus fördern, das klingt immer so groß, aber im Endeffekt geht's einfach darum, fokussiert und positiv durchs Leben zu gehen und dich selbst nicht zu überfordern.

Praktische Übung: Positivitäts-Boost-Toolkit

Manchmal brauchst du in deinem Leben einen kleinen **Schubser**. Fang damit an, drei Dinge aufzuschreiben, für die du heute **dankbar** bist. Wirklich, nimm dir einen Moment und denk nach. Es kann etwas Einfaches sein: ein leckeres Frühstück, die warme Sonne auf deinem Gesicht oder sogar ein freundliches Lächeln von einem Fremden. Wenn du diese Dinge notierst, lenkst du deine **Gedanken** auf positive Erlebnisse und weg von allem Negativen. Fühlt sich gut an, oder?

Als Nächstes denk an ein kürzliches positives Erlebnis und genieße es für 2 Minuten. Schließ die Augen und tauch ein in diesen Moment – auskosten und einfach sein. Stell dir vor, du erlebst dieses wunderbare Ereignis noch einmal. Vielleicht war es der Moment, als du die Arbeit beendet hast oder eine schöne Zeit mit Freunden hattest. Lass dieses **Gefühl** deinen ganzen Tag aufhellen. Ja, richtig. Nur zwei Minuten und du fühlst dich schon viel besser.

Jetzt liste drei deiner persönlichen **Stärken** auf und wie du sie kürzlich genutzt hast. Jeder hat Stärken, und es ist wichtig, sich daran zu erinnern, welche deine sind. Bist du kreativ? Hast du eine gute Geduld oder kannst du super gut organisieren? Schreib das auf und erinnere dich, wie du diese Eigenschaften kürzlich eingesetzt hast. Hast du vielleicht ein schwieriges Projekt auf der Arbeit bewältigt? Oder jemandem geholfen, der es gebraucht hat? Merkst du, wie stolz du auf dich sein kannst?

Setz dir ein kleines, erreichbares **Ziel** für den Tag, das mit deinen Werten übereinstimmt. Was bedeutet dir wirklich etwas? Nimm das und mach daraus etwas Konkretes. Vielleicht möchtest du heute nett zu jemandem sein oder eine Pause nur für dich nehmen. Egal was es ist, stell sicher, dass es deinen inneren Überzeugungen entspricht. Es ist ein Mini-Schritt in Richtung eines glücklicheren Lebens.

Mach eine 5-minütige Liebende-Güte-**Meditation**. Schließ die Augen und lenke deine Aufmerksamkeit auf dein Herz. Stell dir vor, Wärme und Zuneigung strahlen aus deinem Inneren heraus. Wünsch dir selbst Liebe und Frieden, dann auch anderen Menschen. Das beruhigt nicht nur deinen Geist, sondern bringt auch den Goldstandard der inneren Freiheit.

Beschäftige dich für mindestens 15 Minuten mit einer Flow-**Aktivität**. Was zieht dich so richtig in den Bann, dass du die Zeit vergisst? Zeichnen, spielen, lesen oder kochen – was auch immer dich in den „Flow" versetzt. Diese kleinen Fluchten helfen dir, Stress abzubauen und dich auf gute Weise auszupowern.

Zum Schluss reflektiere darüber, wie diese Übungen deine Stimmung und **Gedankenmuster** beeinflussen. Setz dich hin und denk nach. Hast du bemerkt, wie sich deine Laune verbessert hat oder wie deine Gedanken positiver werden? Wie fühlst du dich jetzt im Vergleich zu vorher? Diese Reflexion hilft dir, die Fortschritte zu erkennen und für dich selbst klar zu machen, wie du positives Denken in deinen Alltag einbauen kannst. Von hier aus kannst du diesen Toolkit immer wieder nutzen, um deine Lebensqualität zu verbessern – Schritt für Schritt.

Fazit

In diesem Kapitel hast du wichtige **Techniken** und **Strategien** zur positiven Psychologie kennengelernt. Diese **Konzepte** können dir helfen, **positiver** und weniger ängstlich durch den Alltag zu gehen.

Du hast erkannt:

• Wie **Dankbarkeit** deinen Fokus von negativen zu positiven Aspekten des Lebens verschieben kann.

• Warum Dankbarkeit sich positiv auf deine Stimmung und dein Stresslevel auswirkt.

• Dass das Genießen positiver Erfahrungen deine Emotionen verstärken und Grübeln mindern kann.

• Was ein **Flow-Zustand** ist und wie er dir hilft, von negativen Gedankenmustern wegzukommen.

• Welchen Unterschied realistischer **Optimismus** machen kann, um negative Gedankenspiralen zu bekämpfen.

Nutze das Erlernte aus diesem Kapitel, um im **Alltag** bewusster und positiver zu denken und zu handeln. Diese Strategien können dir täglich helfen, dein **Wohlbefinden** zu steigern. Denk dran: Kleine Schritte führen zu großen Veränderungen. Also, leg einfach los und probier's aus!

Kapitel 13: Langfristige Strategien zur Vorbeugung von Überdenken

Hast du schon mal einen Kopf voller **Gedanken** gehabt, sodass jede Entscheidung zur Herausforderung wurde? Ich kann das total nachvollziehen. In diesem Kapitel geht's darum, Wege zu finden, damit du nicht weiter in dieser **Grübelschleife** festhängst. Stell dir vor, wie es wäre, wenn du ein **Unterstützungsnetz** hättest, das dich in schwierigen Zeiten auffängt. Wir werden darüber quatschen, wie du realistische **Ziele** setzt und was du tun kannst, um mit **Stress** klarzukommen.

Warum solltest du weiterlesen? Weil es dir helfen kann, dein Leben einfacher und entspannter zu gestalten. Es geht nicht darum, perfekt zu sein, sondern um stetige **Selbstverbesserung**. Am Ende hast du einen persönlichen **Wachstumsplan**, den du jederzeit aus der Tasche ziehen kannst. Bist du neugierig auf mehr? Das wird nicht nur lehrreich, sondern auch richtig **spaßig** - also lass uns direkt in Kapitel 13 eintauchen!

Ein Unterstützungsnetzwerk aufbauen

Weißt du, wie **soziale Verbindungen** dir helfen können, neue Perspektiven zu gewinnen? Manchmal fühlt sich dein Verstand wie ein Karussell an, das einfach nicht aufhören will. In solchen Momenten können **Freundschaften** und Familie wahre Retter sein. Wenn du mit jemandem über das sprichst, was dich so beschäftigt, öffnen sich oft neue Blickwinkel. Plötzlich erscheint das, was dich so plagt, gar nicht mehr so beängstigend. Auch wenn's kitschig klingt, diese Verbindungen können echtes Licht ins Dunkel bringen und dafür sorgen, dass du entspannter wirst.

Durch den **Austausch** siehst du, dass es anderen auch so geht oder sie vielleicht sogar schon eine Lösung haben. Gespräche helfen dir, lose Vorstellungen besser zu ordnen. Auf einmal erkennst du Optionen, die du vorher gar nicht gesehen hast. Es ist wie eine kleine Reise im Kopf, bei der die Straßen plötzlich heller erleuchtet sind.

Apropos soziale Verbindungen - die helfen nicht nur beim Perspektivwechsel, sondern auch massiv bei der **Stressreduktion** und für dein emotionales Wohlbefinden. Merk dir: Während es einfach klingt, darüber zu reden, neigen Überdenker oft dazu, alles für sich zu behalten. Das macht's natürlich nur schlimmer. Stress kann sich so aufbauen und dein Wohlbefinden negativ beeinflussen. Aber sobald du dich öffnest, wird dieser Druck geringer. Es ist fast so, als ob dein Kopf plötzlich weniger schwer wäre.

Mein Kumpel erzählte, wie seine wöchentliche Kaffee-Runde ihn regelrecht gerettet hat. Sie tauschen sich über alles aus - es klingt simpel, hat aber eine gewaltige Kraft. Diese **Unterstützung** hilft nicht nur bei Problemen, sondern auch dabei, kleineren Belastungen vorzubeugen. Dein Umfeld gibt dir diese Sicherheit. Es ist, als ob dir eine Last abgenommen wird, die du gar nicht bemerkt hattest. Laut Studien können starke soziale Bindungen sogar dazu beitragen, dass du länger lebst.

Gut, soziale Verbindungen zu haben ist super; doch wie stellst du sicher, dass du die wirklich wichtigen Beziehungen auch pflegst und stärkst? Hier kommt die Technik des „**Beziehungsinventars**" ins Spiel. Die Idee ist recht simpel: Stell dir eine Liste von Leuten zusammen, die wirklich wichtig für dich sind. So kannst du sehen, welche Beziehungen fest sind oder wo du nachhelfen musst. Schreib dir einfach mal auf: Wer sorgt dafür, dass du dich gut fühlst? Wer tut dir eigentlich nicht gut?

Danach geht's daran, die wichtigen Beziehungen zu stärken. Nimm dir Zeit für Treffen oder Anrufe. Hier ein kleiner Ratschlag: Mach's zur **Routine**. So wie Sport vielleicht oder deine Lieblingsserie gucken. Die Vorstellung hilft dir, was genau du noch verbessern kannst. Diese Bestandsaufnahme deiner familiären und freundschaftlichen Beziehungen tut gut. Es ist fast wie ein Neuanfang.

Kleine Tipps, die gerade hilfreich wären:

• Schreib kurze Nachrichten oder ruf auch mal an, so bleibst du im Austausch.

• Plane regelmäßige Treffen ein, damit du auch endlich öfter rauskommst.

• Ehrlichkeit ist wichtig. Sag ruhig, wie du dich fühlst.

Am Ende zählt: Ein unterstützendes Netzwerk um dich herum schützt dich davor, in den gewohnten Teufelskreis der Überdenkerei zu fallen. Je intensiver du diese Verbindungen pflegst, desto besser verankert bist du.

Genau dies könnte dir im Leben gefehlt haben – danke diese Tipps an. Übermäßige Gedanken loszuwerden, bekämpfst du mit diesem planvollen **Miteinander**. Probier es aus, du wirst den Unterschied schnell merken. Und schwupps, das Karussell stoppt...

Realistische Ziele und Erwartungen setzen

Sich realistische **Ziele** zu setzen - klingt einfach, oder? Aber viele von uns neigen dazu, **Perfektionismus** anzustreben, was oft Angst und Stress verursacht. Wenn du dir zu hohe Ziele setzt, kann das zu Überlastung und letztendlich zu Enttäuschung führen. Ein ausgewogenes Zielsetzen hilft dir, diese negativen Gefühle zu vermeiden. Also, wie machst du das?

Zunächst solltest du sicherstellen, dass deine Ziele erreichbar sind. Nicht perfekt, sondern gut genug. Perfektionismus kann lähmend sein und führt häufig dazu, dass du gar nichts erreichst, weil du ständig das "Perfekte" jagst. Doch in Wirklichkeit reicht "gut genug" oft völlig aus, um zufrieden und entspannt zu sein.

Wenn du dir das Konzept von "gut genug" ansiehst, merkst du, dass es eine große Rolle bei der Reduzierung von **Überdenken** spielt. „Gut genug" bedeutet einfach, dass etwas ausreicht. Das Ziel ist nicht Perfektion, sondern **Zufriedenheit** und Erfüllung. Wer ständig nach Perfektion strebt, findet immer wieder neue Aspekte, an denen man arbeiten könnte. Das führt zu einem endlosen Kreislauf des Überdenkens. Indem du dich mit dem Ergebnis "gut genug" zufrieden gibst, kannst du diesem Kreislauf ein Ende setzen.

Jetzt denk mal an deine täglichen **Aufgaben**. Nimm eine dieser Aufgaben und setz dir ein erreichbares Ziel. Schreib es auf und überprüfe am Tagesende, ob du es geschafft hast. Selbst wenn du nur 80 Prozent erreicht hast, kann das schon "gut genug" sein. Es geht darum, zufrieden und weniger gestresst zu sein.

Nach diesem Schritt können wir zur Methodik des "wertbasierten Zielsetzens" übergehen, die hilfreich ist, um bedeutungsvolle und erreichbare Ziele zu definieren. Das klingt vielleicht erstmal ein bisschen fremd, aber es ist wirklich einfach. Du musst dir nur darüber klar werden, was dir im Leben wichtig ist – deine **Werte** eben. Dann setzt du Ziele, die auf diesen Werten basieren.

Ein Beispiel: Wenn dir Familie sehr wichtig ist und du mehr Zeit mit ihnen verbringen möchtest, mach das zu deinem Ziel. Vielleicht bedeutet das, dass du dir abends eine Stunde reservierst, in der du einfach mit deiner Familie zusammen bist, ohne Ablenkungen wie Handy oder Arbeit. Wertbasiertes Zielsetzen gibt deinen Zielen eine tiefere Bedeutung und macht sie dadurch auch leichter erreichbar. Du fühlst dich erfüllt und kommst weniger in Versuchung, alles zu überdenken.

Wichtig dabei ist, sich bewusst zu machen, wofür du deine Zeit und **Energie** wirklich aufwenden möchtest - Stichwort **Priorisierung**. Frag dich immer wieder: "Bringt mich dieses Ziel meinen Werten näher?" Wenn ja, dann bist du auf dem richtigen Weg. Wenn nicht, überdenke dein Ziel oder passe es entsprechend an.

Zusammenfassend lässt sich sagen, dass das Setzen realistischer Ziele und das Befolgen des Prinzips "gut genug" kombiniert mit wertbasierten Zielsetzungen wesentliche Zutaten zur Vermeidung des Überdenkens sind. Solange du kontinuierlich darauf achtest, im Einklang mit deinen eigenen Werten zu leben, wirst du automatisch entspannter und zufriedener. Diese Strategien helfen dir nicht nur, deine Ziele zu erreichen, sondern sie tragen auch dazu bei, dass du dich mental stark und ausgeglichen fühlst.

Bewältigungsmechanismen entwickeln

Lass uns mal anschauen, wie **personalisierte** Bewältigungsstrategien Auslöser für Überdenken managen können. Jeder Mensch hat seine eigenen **Stressoren**, und was bei einem funktioniert, muss nicht unbedingt bei einem anderen wirksam sein. Das ist wie bei Essen – nicht jeder mag das Gleiche. Wenn du also deine eigenen, auf dich zugeschnittenen Bewältigungsstrategien entwickelst, kannst du effektiver mit **Stress** umgehen und das dauerhafte Grübeln reduzieren. Das mag auf den ersten Blick viel erscheinen, aber in kleinen Schritten kommst du gut voran.

Aber was sind effektive Bewältigungsstrategien überhaupt? Es geht darum, Dinge zu finden, die für dich persönlich funktionieren, um Stress zu verringern und negative **Gedanken** zu stoppen. Denk mal daran, wie du dich selbst beruhigen könntest. Vielleicht ist es Bewegung, Meditation oder auch einfach eine gute Tasse Tee und ein Buch. Finde heraus, was bei dir wirkt, und nimm es in deinen Alltag auf.

Der Unterschied zwischen adaptiven und maladaptiven Bewältigungsmechanismen ist auch wichtig. Adaptive Mechanismen sind jene, die dir wirklich helfen, mit Stress auf gesunde Weise umzugehen. Sachen wie regelmäßiges **Training**, Zeit in der Natur verbringen oder Tagebuch führen. Sie tragen dazu bei, dein Wohlbefinden zu steigern und den Stress konstruktiv abzubauen.

Maladaptive Mechanismen hingegen schaden mehr, als dass sie nützen. Diese beinhalten Dinge wie übermäßiges Essen, Alkohol- oder Drogenkonsum oder endlose Stunden vor dem Computer verbringen. Kurzfristig mögen sie eine Ablenkung bieten, langfristig verschlimmern sie jedoch oft die Situation und tragen zur **Überforderung** bei.

Man kann es so sehen: Adaptive Mechanismen sind wie gute Freunde, die dir wirklich helfen und für dich da sind. Maladaptive Mechanismen sind eher wie diese falschen Freunde, die aufregend scheinen, aber in Wirklichkeit nichts Sinnvolles in deinem Leben beitragen. Bleib lieber bei den guten Freunden.

Jetzt kommen wir zur Technik des „**Bewältigungswerkzeugs**". Stell dir vor, du hast einen kleinen Werkzeugkasten, und in jedem Fach befindet sich eine bestimmte Fähigkeit oder Technik, die dir hilft, mit Stress umzugehen. Du erstellst dein eigenes Set an Stressbewältigungswerkzeugen, indem du all diese verschiedenen Strategien sammelst, organisierst und immer wieder ausprobierst, bis du deine Favoriten gefunden hast.

Schau dir mal deine typischen Stressauslöser an und überlege, welche Bewältigungstechnik dir dabei helfen könnte. Wenn du zum Beispiel merkst, dass du bei der Arbeit oft gestresst bist, könnte eine kurze fünfminütige Meditationspause oder ein schneller Spaziergang draußen Wunder wirken.

Und das Tollste daran: Dein Werkzeugkasten ist flexibel. Was heute für dich funktioniert hat, muss nicht unbedingt auch morgen super sein. Es ist also gut, immer offen für neue Methoden zu sein und deinen Kasten ständig zu aktualisieren. So bist du stets gut gerüstet, um das Grübeln zu stoppen und dein Leben ein Stückchen **stressfreier** zu gestalten.

Kurz gesagt: Selbst angepasste Strategien, das Wissen um adaptive und maladaptive Methoden und dein persönlicher Bewältigungswerkzeugkasten – all diese Dinge helfen dir, dein Überdenken dauerhaft in seine Schranken zu weisen. Probier's einfach mal aus. Wer weiß, vielleicht wirst du überrascht sein, wie viel einfacher das Leben dadurch wird.

Kontinuierliche Selbstverbesserungspraktiken

Kontinuierliches persönliches **Wachstum** hilft dir enorm, wenn's ums Überdenken geht. Stell dir vor, du baust ständig neue **Fähigkeiten** und Wissen auf, wie ein riesiges Puzzle. Hast du je gemerkt, dass du weniger dazu neigst, in Grübeleien zu versinken, wenn du positiv beschäftigt bist? Das kommt daher, dass du weniger Zeit und Energie hast, um dich in schlechtem Denken à la "Was wäre wenn?" zu verlieren.

Stattdessen fokussierst du dich auf **Fortschritt** und Errungenschaften. Persönliches Wachstum ist wie ein Schild gegen das Überdenken. Du entwickelst neue Stärken und begibst dich auf eine Reise, die dir zeigt, wie weit du kommen kannst. Das Coole daran? Jeder kleine Schritt bringt dich näher zu einem widerstandsfähigen, positiven Denken.

Mach dir Notizen über deine Fortschritte, schreib Tagebuch oder reflektier einfach jeden Abend kurz. Hast du heute was Neues gelernt? 'Ne Herausforderung gemeistert? Solche kleinen Reflexionen stärken dein Bewusstsein für dein kontinuierliches Wachstum.

Jetzt wird's wissenschaftlich, aber keine Panik – kurz und knackig. **Neuroplastizität** ist der Biologie-Begriff dafür, dass sich unser Gehirn ständig verändert. Klingt erstmal kompliziert, macht aber Hoffnung. Dein Gehirn ist nämlich ein Meister der Anpassung. Deine Gedanken und Gewohnheiten können sich durch ständige Wiederholung und Übung ändern.

Denk dran, wie du damals Radfahren gelernt hast. Anfangs unsicher, dann wurdest du immer besser, bis du nicht mehr drüber nachdenken musstest. Genau das Gleiche passiert mit deinen **Gedanken**. Wenn du kontinuierlich versuchst, negatives Denken durch positives zu ersetzen, bildet dein Gehirn neue Pfade. Nach und nach wird's dir leichter fallen, positiv zu denken, sogar in stressigen Situationen.

Dabei kannst du dir ruhig Zeit lassen. Kleine Schritte sind der Schlüssel. Konzentrier dich darauf, Kleinigkeiten in deinem Alltag zu ändern. Zum Beispiel, ersetze "Ich kann das nicht" durch "Ich werd's versuchen". Klingt simpel, ist aber echt kraftvoll.

Apropos kraftvoll, hier kommt die **Wachstums-Mindset**-Herausforderung ins Spiel. Was das ist? Eigentlich ganz einfach: statt Herausforderungen als Bedrohung zu sehen, betrachte sie als

Chance, etwas Neues zu lernen. Stell dir vor, jede Herausforderung wäre ein Sprungbrett zu 'ner besseren Version von dir.

Fang mit kleinen, erreichbaren Zielen an. Willst du 'ne neue Sprache lernen? Fang klein an, jeden Tag ein paar Vokabeln. Willst du besser in der Arbeit werden? Widme ein paar Minuten pro Tag, um was Neues zu lesen oder auszuprobieren. Übung macht den Meister – und das gilt auch für unsere **Denkmuster**.

Selbst 'ne kleine Wachstums-Mindset-Aufgabe, wie täglich 'ne neue Übung auszuprobieren, kann schon 'nen großen Unterschied machen. Setz dir kleine, machbare Ziele und sieh, wie sich dein **Selbstvertrauen** nach und nach aufbaut. Plötzlich erscheint das Überdenken weniger wichtig, weil du stärker und positiver wirst.

Also, merk dir: kontinuierliches Wachstum macht dich resistenter gegen's Überdenken, Neuroplastizität hilft beim Umbau alter Denkmuster, und Wachstums-Mindset-Herausforderungen zeigen dir den Weg zu neuen Lernmöglichkeiten. Schritt für Schritt zu mehr Gelassenheit und weniger Überdenken. Kapiert?

Praktische Übung: Aktionsplan für persönliches Wachstum

Okay, es ist Zeit, wirklich in die Vollen zu gehen. Stell dir vor, du könntest drei Bereiche in deinem Leben finden, die du **verbessern** möchtest. Denk einfach nach und schreib drei Dinge auf, die dir wichtig sind, wo du gerne besser sein würdest oder wo du merkst, dass du dich gefangen fühlst. Schreib sie einfach auf, ohne zu viel zu grübeln.

Wenn du das hast, geht's weiter: Für jeden dieser drei Bereiche setzt du ein realistisches, **wertebasiertes** Ziel. Das heißt, du überlegst, was dir in diesen Bereichen wichtig ist und wie du das Ganze zu einem Ziel zusammenfassen kannst. Dabei ist es wichtig, nicht zu hoch zu greifen, sondern sich wirklich realistische Ziele zu setzen – Dinge, die du erreichen kannst, indem du kontinuierlich daran arbeitest.

Und das bringt uns direkt zum nächsten Schritt: Teile jedes Ziel in kleinere, **umsetzbare** Schritte auf. Überleg dir, was die einzelnen Etappen sind, die dich zu deinem Hauptziel führen. Manchmal kann das wirklich simple Sachen beinhalten. Zum Beispiel, wenn dein Ziel ist, mehr Sport zu machen, dann könnte ein kleiner Schritt sein, erstmal jeden Morgen fünf Minuten Frühsport zu machen.

Jetzt, da du diese kleinen Schritte hast, geht's weiter: Erstelle einen **Zeitplan**, um diese Schritte im nächsten Monat zu erreichen. Kalender auf, Schritte aufteilen und festlegen, wann du was machen willst. Es muss nicht perfekt sein, Hauptsache du hast einen Plan.

Aber halt mal, was ist, wenn du auf **Hindernisse** stößt? Tja, das gehört leider auch dazu. Identifiziere mögliche Hindernisse und plane Bewältigungsstrategien für jedes. Vielleicht bist du müde oder hast einfach keine Lust? Denk vorher darüber nach, was dich aufhalten kann und finde Strategien, um über diese Hürden zu springen.

Plane wöchentliche **Check-ins**, um deinen Fortschritt zu überprüfen und bei Bedarf anzupassen. Das gibt dir die Möglichkeit, zu schauen, was gut läuft und was nicht so dolle ist. Bleib flexibel und sei freundlich zu dir selbst, wenn du Fortschritte machst.

Und dann... Feiere kleine **Erfolge** und reflektiere über die Lektionen, die du während des Prozesses gelernt hast. Nichts Selbstverständliches, feiere jeden kleinen Meilenstein und denk darüber nach, was du auf deinem Weg gelernt hast. Dir die Zeit zu nehmen, das zu zelebrieren, motiviert dich weiterzumachen und deine Ziele langfristig zu erreichen.

Jetzt hast du eine (mehr oder weniger) klare Vorstellung, wie du an persönliche **Ziele** herangehen kannst. Bleib dran und erfreu dich an deinen Fortschritten... auch die kleinen Erfolge sind enorm wichtig!

Zum Abschluss

Der **Zweck** dieses Buches ist es, dir dabei zu helfen, deine Gedanken zu beruhigen, negative Gedanken zu stoppen und **Stress** mithilfe von Geheimnissen der positiven Psychologie zu lindern. Es geht darum, von einem Ort des Überdenkens zu einer Lösung zu gelangen, die dir ein ruhigeres und glücklicheres Leben ermöglicht.

Um dies zu erreichen, haben wir im ersten Kapitel die Grundlagen des Überdenkens behandelt. Du hast verstanden, was Überdenken ist, die zugrunde liegende **Psychologie** erkannt, gängige Auslöser identifiziert und die Auswirkungen auf die psychische Gesundheit untersucht. Im zweiten Kapitel ging es darum, deine Überdenkmuster zu erkennen und den Zyklus des Überdenkens sowie die Rolle von **Angst** und Stress darin aufzuschlüsseln.

Kapitel drei tauchte in die positive Psychologie ein, ihre Prinzipien, die Wissenschaft des **Glücks** und Wohlbefindens und den Unterschied zur traditionellen Psychologie behandelt. Im vierten Kapitel haben wir über die Verschiebung der Denkweise gesprochen, mit Schwerpunkt auf einem Wachstumsmindset, Selbstmitgefühl, dem Herausfordern negativer Selbstgespräche und dem Umrahmen negativer Gedanken.

Im fünften Kapitel hast du sofort umsetzbare **Strategien** gelernt, wie die STOP-Technik, Erdungsübungen und Gedankenablenkung, um sofort mit dem Überdenken aufzuhören. Kapitel sechs befasste sich mit kognitiven Restrukturierungstechniken wie dem Identifizieren kognitiver Verzerrungen und der ABC-Methode der Gedanken- und Emotionsanalyse.

Kapitel sieben konzentrierte sich auf emotionale Regulationsstrategien, einschließlich der Erkennung und

Benennung von **Emotionen** und der Technik der gegenteiligen Handlung. Kapitel acht bot praktische Zeitmanagement-Techniken für Überdenker an, während Kapitel neun bewährte Stressreduzierungstechniken hervorhob.

Kapitel zehn betonte mentale Stärke, Entscheidungsfindung und Problemlösungsfähigkeiten, während Kapitel elf sich auf die Schaffung gesunder Gewohnheiten durch eine konsistente Schlafroutine, Ernährung und Bewegung fokussierte. Im zwölften Kapitel wurden die Prinzipien der positiven Psychologie in praktische Übungen wie Dankbarkeit und das Erleben von Flow-Aktivitäten umgesetzt.

Kapitel dreizehn diskutierte langfristige Strategien zur Prävention von Überdenken, u.a. das Schaffen eines Unterstützungsnetzwerks und die kontinuierliche Selbstverbesserung.

Was erwartet dich als Nächstes? Wenn du die in diesem Buch beschriebenen Strategien und Techniken anwendest, kannst du dir ein Leben mit weniger Stress, weniger negativen Gedanken und mehr innerer Ruhe und Glück vorstellen. Die regelmäßige Anwendung dieser Methoden wird dein geistiges **Wohlbefinden** erheblich verbessern und dir dabei helfen, eine positive Denkweise zu etablieren.

Zögere nicht und setze das Gelernte in die Praxis um. Besuche diesen Link, um mehr zu erfahren:

https://pxl.to/LoganMind

Ein Geschenk für Dich!

Emotional Intelligence for Social Success

Hier ist, was du im **Buch** findest:

• Praktische **Techniken** zur Verbesserung der emotionalen Intelligenz

• Tipps zur Verbesserung deiner sozialen **Fähigkeiten**

• Strategien für erfolgreiches **Networking** und tiefere Verbindungen

Klick einfach auf den untenstehenden Link, um dein kostenloses **Exemplar** zu bekommen:

https://pxl.to/loganmindfreebook

Hol dir auch deine 3 KOSTENLOSEN EXTRAS!

Diese Extras sind eine großartige ergänzende **Ressource**, die dir hilft, die im Buch besprochenen Konzepte in die Praxis umzusetzen.

Die Extras sind:

- Ein herunterladbares und praktisches 21-Tage-Challenge-PDF passend zum Buch

- 101+ **Affirmationen** für friedliche Gedanken

- Eine Checkliste für einen sofort ruhigen Geist

Klick einfach auf den untenstehenden Link, um sofortigen Zugang zu den Extras zu erhalten:

https://pxl.to/8-htson-lm-extras

Hilf mir!

Wenn du einen unabhängigen Autor unterstützt, unterstützt du einen **Traum**.

Wenn du mit diesem Buch zufrieden bist, hinterlasse bitte ehrliches **Feedback**, indem du den untenstehenden Link besuchst. Hast du **Verbesserungsvorschläge**? Sende eine E-Mail an die Kontaktdaten, die du unter dem Link findest.

Alternativ kannst du den QR-Code scannen und den Link nach Auswahl deines Buches finden.

Es dauert nur wenige Sekunden, aber deine **Stimme** hat eine enorme **Auswirkung**.

Besuche diesen Link, um dein Feedback zu hinterlassen:

https://pxl.to/8-htson-lm-review

Werde Teil meines Rezensionsteams!

Vielen Dank, dass du mein **Buch** liest! Deine **Meinung** ist mir sehr wichtig und könnte mir wirklich helfen. Wenn du ein leidenschaftlicher **Leser** bist, würde ich dich gerne in meinem **Rezensionsteam** willkommen heißen. Du erhältst eine kostenlose **Kopie** meines Buches, um mir ehrliches **Feedback** zu geben.

So trittst du dem ARC-Team bei:

• Klicke auf "Join Review Team".

• Melde dich bei BookSprout an.

• Erhalte eine **Benachrichtigung** bei jeder neuen Buchveröffentlichung.

Check out the team at this link:

https://pxl.to/loganmindteam

www.ingramcontent.com/pod-product-compliance
Lightning Source LLC
Chambersburg PA
CBHW051737020426
42333CB00014B/1359